社会人に必要な9つの力

齋藤 孝

ウェッジ

はじめに――一人前の社会人になるために

「社会人」という言葉はいい響きです。

社会で生きている人。社会を支えている人。ちゃんとした社会人がこの国にたくさんいれば、みんなが安心して生きていくことができます。

社会人になるのは大切なことです。ところが今は不況の時代が長く続き、会社に所属できないケースや、社会人になりそこねてしまうケースも増えています。

「会社員＝社会人」ではありませんが、組織に身を置くことは社会人になる上で重要です。若い人たちが考える以上に、大事なことなのです。

組織には組織の論理があって、そこで鍛えられると社会人らしさが身につきます。言葉づかいや人との接し方に落ち着きが生まれ、気が利くようになってきます。

だから、できれば若いうちに組織に所属し、そこでのルールを身につける。すると、「さすが社会人経験がある人は違うね」というふうに見られます。

仕事の能力が高いとかいう単純なことではなく、社会人としての常識が身についている、社会人としての基礎力があるということは、他人の目にもはっきりわかるものなのです。

本書は、私が明治大学で行った講義をベースに、社会人力についてまとめたものです。毎年学生に向けて、社会人としての基礎力をつけるための話をしており、教員志望の学生や一般企業志望の学生の両方が受けています。

ただし本書では、大学生だけではなく幅広い世代の人たちにも読んでほしいと思い、加筆しながらまとめました。

「教員として必要な力とは何か」と「社会人として必要な力とは何か」は、私の中では完全につながっています。

あなたが大学生であれば、社会に出ていく準備をしっかりする時期です。

あなたが20代なら、仕事を覚えながら社会人としての能力も身につけることを目指しましょう。

あなたが30代、40代なら、若い人を教育する立場になってきます。「社会人とは何か」を新入社員に教えられるでしょうか。自分の経験は伝えられたとしても、「社会人として」となると、首を傾げる人もいるでしょう。

「大切なのは〝ほうれんそう〟かな?」と考えるかもしれませんが、報告・連絡・相談さえできれば社会人かというと、それは違います。「じゃあ挨拶かな?」。挨拶だけなら小学生だってできるでしょう。

実際、今の社会では、「社会人になるためのマニュアル」や「社会人のための教科書」が、明確に共有されていないのが現状です。

そこで私は、社会人として必要なことをいくつかのポイントに分け、それぞれに「○○力」と名づけました。どんな職種の人にでも通用する話であり、転職しても新しい場所にスッとなじめて、即戦力として働くことができる。幅広く使える万能な力です。

たとえば、第5章の「世界で闘う力」では、質問力についての話が出てきます。質問力のない社会人は、交渉の場面が苦手です。しかし、上手な質問をすることによって相手といい関係を築くことができるし、大事なことを聞き出すこともできます。

「質問力」という言葉は、十数年前の私の造語ですが、そうした概念がなかった時代は、「質問力を鍛えよう」という発想も出てきませんでした。

しかし、いい質問をすることは技術であり力になるという認識を持つと、その力は確実に上がっていきます。

アメリカ建国の父と呼ばれるベンジャミン・フランクリンは、「身につけるべき徳」ということを語っています。

彼は「沈黙の徳」「節約の徳」など13項目の教訓を自分のテーマとし、1項目を1週間ごとに振り返りながら実行していました。フランクリンは、自分自身をチェックして修正するというライフスタイルを提案した人でもあります。

私もこの授業では学生たちに、1週間ごとに課題を出してきました。

フランクリンに倣ってみなさんも「今週は質問力を鍛えてみよう」「今週は交渉力を磨いていこう」など、社会人として目標を立てながらトレーニングしてみてはどうでしょうか。

講義を受けながら学生たちが変わっていったように、読者のみなさんにも何らかの変化が起きていくことを願っています。

社会人に必要な9つの力

目次

編集協力——菅　聖子

第１章

アウトプット型の聞く読む力

社会人として通用するには必要な力がある

私の大学での使命は、学生がちゃんとした社会人として通用するように、この期間に仕上げていくことです。

私が願うのは、大学を卒業するときに一人ひとりに職があること。

私はセミナーなどで企業に呼んでもらう機会も多いので、社会人になるためにどのような力が求められているのかわかっています。そして、大学で20年間教えているので、学生のレベルもおよそわかっている。

端的に言えば、社会で求められているレベルと、学生の実力の間には大きな隔たりがあります。

しかし、それは学生のせいではありません。今の企業や組織が求めるレベルが、どんどん上がってしまっているのです。

けれども入学してくる学生を見ると、年々幼くなっている。

この差を縮めないと、卒業するときに痛々しい状態になってしまいます。

社会に出る＝社会人、ではありますが、実はすべての人が社会人として通用してい

ると は言い難いのです。

では一体、社会人として通用するためには何が必要なのでしょうか。

漠然と社会人と言ってもイメージしづらいので、わかりやすい職業として教員という仕事を考えてみます。

教員は、社会人としての能力が高い人が就くべき職業です。一般企業に行くのが無理だから教員になる、というのは論外です。学校とは社会に出ていく人を育てる組織なのですから、社会性がない人は、教員になってはいけない。

一般社会で十分通用する力を持った上で、「教員はスペシャルな仕事だからこそなりたい」と言う人にだけ、なってほしいのです。

そもそも教員は、普通の人の10倍くらいのコミュニケーション力が必要です。なぜなら40人を一度に相手し、みんなの心を惹きつける必要があるからです。

授業をしながら一人ひとりに目を配り、「今日は体調が悪そうだな」とか「何かあったのかな」と気づかなければならない。

そういう特殊能力が必要で、それができればほとんどの会社で生きていくことができます。「社会人としては通用しないけれど、教員としてはいい」という時代は、とうに過ぎ去ってしまいました。

大学生には社会人としての力を身につけ、教育界や会社のリーダーになってほしいと思っています。

私の授業のイメージは、「社会人の日本代表を育てる部活の合宿」です。私は運動部体質なので、言ったことにはすぐに反応してやってもらいたい。ボーッとしていたい人には向いていません。

途中で落ちこぼれそうになる人も、「自分は日本代表になる人間ではない」と思う人もいるかもしれない。

でも、そういう人でもこれから学ぶ「社会人に必要な9つの力」を意識すれば、必ずしっかりとした社会人としての力が身につきます。

まずは相手に好意を示す

社会人の第一歩は、新しいことをどんどん吸収して身につけることです。

吸収力とは、人の話を聞くこと、本を読むことです。

中でも社会人の第一条件は、人の話を面白そうに聞くこと。これは、『聞く力——心をひらく35のヒント』（文春新書）の阿川佐和子さんも書いていますし、落語家の立川志の輔さんも語っています。

私も授業では、「話を面白そうに聞くこと」を要求します。これは、私が気持ちよくなるからではありません。私は相手がどんな状態でも、負けずに楽しくしゃべることが職業上できます。

社会人になると、自分の周りに面白くない話をする人が必ずいます。それが上司だった場合、面白そうに聞くことができれば、上司は気分よく話せます。

面白そうに聞くことは、習慣です。はじめはできるだけオーバーにやってください。**練習で過剰にやっておくと、本番で力が発揮できる。オーバーに練習して「人の話を面白そうに聞く」ことを覚えて、一生使っていくのです。**

具体的には、私の話のひとつひとつ、的確な場所でうなずくようにしてください。

タイミングよく、聞いた瞬間にうなずきます。

とりあえず、運動として首を縦に振ってください。これをタイミングよくやるのです。

なぜこうするかというと、**うなずく人間が社会で好かれる**からです。しかし、若い人は基本的にうなずきません。相手に対して反応が薄い。

目を見る、微笑む、うなずく、相槌を打つ。そうして相手に好意を示してください。

面白いときにだけ笑うのでは、テレビを見ている状態と同じです。
人間関係の構築は、それとはまったく違う。**常に相手に好意を示すことが必要です。そして、「ちょっと相手が面白いことを言ったな」と思った瞬間に笑うのです。**

自分の笑いに関する基準など、社会では意味がありません。自分の感覚を基準にしないようにするのがポイントです。

「自分なり」というのは意味がない。「自分なりの努力」とか「自分なりの面白さ」とか、そういうことは社会では誰も聞いていません。

自分のやりたいようにしていると、20代のうちに社会の仕組みの中に入れず、経験を積むことができにくい。

やりがいがあることをしたいのはいいのですが、そのためには社会の中にとりあえず入ることが必要です。20代の時期は、社会の中に入ってきちんと仕事を覚えるのです。そのためにはまず、採用されなければいけません。

上司というのは、よいタイミングで笑ってくれる部下が好きです。

上司のジョークというのは、たいがい面白くない。私のジョークもセンスの違いがあるのか、学生にかすりもしないときがあります。でも、「どうやら今、面白そうなことを言ったらしい」というのを勘で察知して笑ってもらえると、心が温まります。

アウトプット型の聞く力

集団の場では、話をしている人に顔だけではなく、ヘソまで向けること。体ごと相手のほうを向くと、「聞く気配り」ができていることになります。

発表する人も、自分の立つポジションが全体に向かっているか360度見渡して、注意しながら発表することです。

生きていく上で多くのことが、人の話を聞く態度に表れます。

人の話を聞くことができない人を採用する会社はありません。

ですから、部下や生徒に「何のためにこれをさせるのか」と、理解させてから始めるのです。どんなことでも、どういう目的で、何につながっているのかを理解させてあげなければ続きません。

教室では、私のいる場所（教壇）が中心です。学生の意識は前にいる私に向いていますが、学生が自分の席で発表する場合は、その方向が変わります。

そのとき中心になるのは教壇ではなく、発表する人がいる場所です。そこが共感の中心になるのです。

発表する人の話を聞くときは、必ずその人を中心として、聞くようにしてください。熱を持ってしゃべることも、練習して身につけるべき技です。

人の体から出ているエネルギー量は、少し話せばすぐにわかります。エネルギー量の少ない人間を企業は必要としていません。実社会というのは大変なものだし、トラブルも多いからです。

エネルギー値を高くするために、若い時代の部活は非常に有効です。部活で発散するエネルギーや、仲間と一緒に作り上げていく力。そういう力が会社には必要です。

企業というのは、ひとりで地道に勉強することより、圧倒的に部活に似ている。仕事はチームでやっていくので、チームワークができない人は採用されません。

学生時代の部活は、人間教育を行うために存在しています。勝つことを目標に置けば向上心が湧いてくる。しかし、負けたら意味がないかというと、そうではない。チームによって磨かれ、社会人になる能力がついていくのです。

聞く力に戻ると、次に自分が同じ内容を話すことができるように聞くことがポイントです。

「聞く力」とは、笑顔でうなずくこと。内容をかいつまんで再生できること。自分に引きつけて再生できれば最高です。

私の言う「聞く」とは、きわめてアクティブ。アウトプット中心の「聞く」です。アウトプットを徹底して、実践していけば、聞くときの吸収力が格段に上がります。

知的好奇心を鍛錬するには本を読むしかない

高校には選択科目があります。その中でも物理学は、人類が達成した知の中で最高峰の叡智。「知」を考えるとき、物理は絶対に必要です。

１９７０年代には、高校生の90パーセントほどが物理を履修していました。選択の自由はなく、必修だったからです。それが学習指導要領の改訂で、選択の「自由」が生まれた結果、現在の履修者は２割を切りました。これでは科学立国は難しい。

つまり、高校の選択科目の自由は、将来の圧倒的不自由をもたらしているということです。

教育というのは、強制してでもやる価値のあることを、強制することで成り立っています。本を読むのも同じこと。私の授業では、毎週２冊の新書を読むことを求めています。

大学生は、きちんとした社会人になるため、知的体力を鍛えるために大学にいます。

４年間で猛烈な知的鍛練を積んで社会に出ていかなければならない。それ以外に大学の目的などありません。

知的体力と知的技術を身につけた人は、社会人になってからも勉強し続けることができます。運動部の人が運動を苦にしないように、知的好奇心を技にしていくのです。

知的好奇心というのは、読書量でほぼ決まります。

特に文系は、本を読まなければ始まらない。受験勉強や科目の勉強は必要があるからやりますが、本を読むのはそれ以外のことです。

面白いから読む。ためになるから読む。知識が増えるのが楽しいから読む。

これが知的好奇心、向上心です。ですからまず、学生には本を読むようになってもらう。これが私の授業の絶対条件です。

本を読まない人は、サッカー部にいるのに「走るのが嫌」というようなもの。水泳部の人が「水に入るのが嫌」というようなものです。本など読んでも読まなくてもいい、という考えはこの部活では通用しません。

社会に出てみるとわかりますが、知的好奇心のある大人は魅力的です。

私が一緒に仕事をしている人の中にも、知的好奇心にあふれているので、非常に仕事をしやすい相手がいます。

一方で、ある程度働き者なのに知的好奇心がない人もいる。そういう人は、どんなに長時間働いても限界があります。

しかし、知的好奇心をかきたてながら膨大な本を読んできた人は、30代、40代でも違いがはっきりとしている。

知的好奇心とは、何もかもを面白いと思う気持ちです。

どのカテゴリーと決めつけるのではなく、世の中のありとあらゆることを面白いと思う力。マツコ・デラックスさんの番組も面白いと思うし、アインシュタインの相対性理論も面白いと思う。それを技として身につけるのです。

常に体を鍛えているスポーツ選手のように、**本を読み続けることで知的な体力を維持することができます。**これから先、日本人はどんどん本を読まなくなるでしょう。それをくい止めなければ、日本人の知的好奇心の転落に歯止めがかかりません。

大学生は、知的体力を鍛え、この国の人によい影響を及ぼすために、大学にいるのです。

再生する力を持って聞くとなす

週に2冊の新書を読んでほしいと、学生には言っています。以前は、週5冊読むことを課題にしていました。しかし、そうすると受講者がどんどん減っていったので、徐々に体を慣らさないとダメかなと思い、今は2冊からにしています。

「今、何を読んでいるの?」と聞かれたら、5冊や10冊は本のタイトルが出てくるのが正常です。

1冊だけ読んでいるのでは、これから先もたくさん読めるようにはなりません。何冊も並行して読むのがコツです。その中に全部は読みきれないものが6~7割あってもかまいません。読書とは、そういうものです。

読書をするときは、古本でよいので自分で買う。

線を引き、ページを折りながら読み、キーワードに印をつける。読み終わったら、その内容を他の人に紹介します。人に話すと内容を覚えます。よけいにその本が好きになります。

知的好奇心の次に大切なのは「再生力」です。人の話を聞いたときも、あとで再び同じ話を繰り返すことができる力です。

社会人における「聞く」ということは、相手の話を要約し、ポイントを落とさずにもう一度誰かに話せること。すなわち「再生する力を持って聞くとなす」ということです。

再生できないのは、話を聞いていないのと同じです。

たとえば、高校の教員になって、世界史の授業でキリスト教の歴史について話したとします。

教師が話した内容を、生徒たちはすぐに自分で説明できるようにしなくてはならない。生徒が要約して話せるようになって初めて、授業をしたと言えるのです。

再生と同時に大切なのは、**「自分たちで考え、ディスカッションし、問題を解決していく力」**です。

情報を再生する能力と、自分たちで考えて意見を戦わせる能力は、一見、別なことのように思えます。しかし、様々な情報を分析し、総合して自分なりのコメントをつけていく能力は、実際にはひとつにつながっています。

知識のない人が議論をしてもムダ。

だから、まずは知識を押さえる。それをベースにして問題を発見し（問いを立て）、

問題を解決するのです。

この問題解決力こそが、今、社会人に求められている新しい力です。

日本人は、再生力はほどほどにありますが、その次の問題解決力が、国際的には低い。これは、順序を逆に考えていくといいのです。

まず、アウトプットを優先させる。発表を前提にしてインプットをします。問いを立て、それに対する意見が言えるよう練習する。コメント力を徹底的に訓練していきます。

あとでアウトプットすると意識すれば、膨大な情報も処理がしやすくなります。アウトプットを想定しないで、ひたすら情報を摂取するのは効率が悪いのです。

普通の教科書はインプットする内容だけが与えられますが、その中にぐっとくる問いはありません。そこのところを、教師が教えるのです。

教師が問いを出し「なぜこうなんだろう?」と聞いて、生徒が考える。

「なぜ、教会はあれほどの権力を持っていたと思うか?」とか「なぜ、ヨーロッパで産業革命が起きたのか?」とか「なぜ、ヨーロッパが文明の中心になったのか?」とか、問いはなんでもいい。しかし、答えるには知識がなければなりません。

知識を再生し、アウトプットできるように、メモを取ることを徹底します。

ノートを取る場合は、上司や教師の話だけではなく、自分の頭の中でひらめいたこと、思い出した事柄を、同時にメモしていきます。

このとき、3色ボールペンを使うことをお勧めします。赤は、客観的に最重要だと思う言葉。青は、まあ大事だと思ったこと。緑は、自分が主観的に面白いと感じたことや自分の考え、経験を書く。

ノートには、客観（赤・青）と主観（緑）のふたつの列車を同時に走らせるのです。

知識は自分の中にため込まず共有する

本を読むときにも自分で問いを立て、本に線を引き、メモをしながら読んでいきます。常に問いを発する力が必要です。

問いを立てる力というのは、とても大事です。問いを立てる練習をしていくと、現実に対する見方が深く多面的になります。

本の内容でも、「今、なぜこの本が自分にとって大事なのか」「この内容について、なぜ自分はこう思うのか」。情報を得るだけではなく、自分の中で咀嚼し、問いを立てていきます。

「現実」と「情報」の間をつないでいくのは、常に「問い」です。本は、自分に引きつけて読んでいくと、吸収率が高まります。

学ぶというのは、問いを立て、考えるということです。問いを立てて勉強しないと、すべてが素通りしていってしまうのです。

知識を揺るぎないものにするためには、本を読んで「引用できる言葉」を持つことも大切です。『論語』などは、自分で引用できる文を20箇所くらい持っていないと、教養を語る資格はないでしょう。

『論語』は東洋の基本で、日本社会の体質は儒教によって作られています。儒教は『論語』を軸にしています。社会を知るという意味でも、『論語』を引用できるように練習することは大切です。

新書を読むときにも、引用したい文章を見つけながら読みます。**引用しながら話す、引用しながら書くことで、知識は確実に自分のものになり、他の人にも役立つものとなります。**

知識は自分の中にため込むのではなく、共有することで力を発揮します。

知識とは、周囲を照らすもの。しっかりとした社会人になりたいのなら、本を読んで引用する力をつけ、他の人に知的刺激を与える存在にならなければならない。

それくらいのパワーがなければ、企業が正社員として雇う意味がありません。周囲の人に知的刺激を与え、プロジェクトリーダーになっていくくらいでなければ、採用する意味がないのです。

ただ頭がいい、というだけでは全然足りない。

積極性が必要なのです。

なぜなら、日本全体が元気を必要としているからです。今の時代、どんな企業も学校も、元気を必要としています。

元気は、声に現れます。ハキハキとしゃべれば、体全体からエネルギーが出ている感じになります。

読書を「技」にしていく

読書は、技になっていないと続けられません。本を読んでいないと調子が悪くなるくらいで、ちょうどいい。新聞をチェックしないと具合が悪くなるのが、社会人です。大学時代にそういう習慣を身につけておけば、本を読む、新聞を読むという習慣を持った社会人になります。

私自身の読書体験は、自分の中で大切な本を持つことからスタートしました。中学生のときには勝海舟の『氷川清話』(当時の角川文庫)を1年くらい手元に持ち、読み続けました。すると、勝海舟が自分の中に入ってきました。

情報として読むというより、人物として自分の中に住み込ませる。自分の中に住んでいる偉人がアドバイスをしてくれる、というイメージになるのです。

ネットは事柄が中心ですが、読書は人格が重要です。どんな著者の本でも、その人から直接話を聞いている感覚で読むと、臨場感が出ます。

たとえば、夏目漱石の『私の個人主義』(講談社学術文庫)は講演録なので、好きな作家の講演を聞いていると思って読むといい。漱石がロンドンでノイローゼになったとき、自己本位や自分本位ということをつかみ、殻を破ることができた話など、人生にとても有益です。

長く持ち歩く本もあれば、パラ読みする本もあります。

読書に慣れていけば、新書などの場合、2割くらい読めば8割の内容を理解できるようになります。

200ページの本であれば、本当に大事な部分は40ページくらい。そこだけをしっかり読むと、およその要素がわかります。本を買ったときに15分から30分くらいで2

割を読み、さばいておくことが肝心です。

魚を干物にするためには、三枚おろしにします。本も新鮮なうちにおろしていつでも食べられるようにしておく。買った直後はテンションが高いため、すぐに三枚おろしにする勢いがあります。

そうすると、いつでも必要なときに読み返せるし、誰とでも「あの本にはこういうことが書いてある」と話せるようになります。

「積ん読」と言いますが、本当に積んであるだけでは、人に話ができません。内臓を取って開いてさばくことがポイントです。

このように考えていくと、本は3つに大別できます。じっくり読み返す自分にとっての古典と、情報を得るために効率よく速読する本と、内容を楽しむ小説です。

小説の場合は、飛ばし読みをしたりあらすじだけを知っても意味がないので、生活の中の潤いとして読むといいでしょう。

小説のよさは、読めば人間観が鍛えられることです。

小説には、人間の弱いところや悪の部分が描かれます。様々な人間が登場するので、人間理解力が高まります。

本で知れば、現実の人間に対しても「こういう人、いるいる」と免疫がつき、自分とは違うタイプの人に出会っても腹が立つことが減っていきます。

社会人として小説を読むのは遠回りのようですが、人生の深いところでのモチベーションになるのです。人や世の中としっかり向き合うための、力強さにもつながるでしょう。

こうして3つくらいのギアを持つと、効率のよい読書ができます。


私の授業では、毎回4人1組になって、私が出した課題について順番に一人ずつ話してもらいます。

聞き手の3人は、必ず発表者のほうを向いて笑顔で親身になって聞き、始まる前は拍手をし、終わったらハイタッチする。そうやって、空気全体を盛り立てる気持ちが大事です。

聞いている人は「ここがあってよかったね」とほめつつ、「それは○○とつながるね」とフォローする。あとでコメントを言う必要があるので、聞いている側の意識もはっきりします。

お互いにコメントし合う姿勢が、学習として最も効率がいいのです。

自分が読んできた新書を紹介するということもします。各人が、知識を広げる新書を読んできて、発表する。これは、会社でもやってほしいことです。

図書館で借りるのではなく、身銭を切って自分の本にする。金銭的に余裕がない人は、古本屋に行けば１００円や50円で買うことができます。

自分の知性に常に投資し、知的資源を豊かにし続ける。それが、クリエイティブな社会人の資質です。

第2章

要件を15秒で伝える力

ストップウォッチを使えば、時間の密度が高くなる

コミュニケーションには大きく分けると、ふたつあります。

ひとつは意味のあるコミュニケーション、もうひとつは雑談のような意味のないコミュニケーションです。

しかし、**本当にクリエイティブなコミュニケーションは、雑談から生まれることがよくあります。**意味のあることだけを伝えようとすると、要件が終わったら話がそこで途切れてしまいますね。

ところが雑談がうまい人は、話しているうちに「そういえばこれもあるね」という感じでどんどん話が広がっていく。意味のある話と雑談を、うまくギアチェンジするように交互にドリブルできると、話は無限に広がっていくのです。

いい雑談は、人間関係にうるおいを与えます。

秒刻みで効率よくやりながら、時折ちょっとくだらない話や雑談をすると、部内がすごく盛り上がることがあります。

これは、時間のマネジメントと矛盾しません。1日8時間という勤務時間の中で、

効率よく仕事を進められれば、雑談をする時間も生まれるからです。
職場でよくないのは、たいして意味のないことをだらだらと、時間の意識なくやってしまうこと。雑談なら雑談とはっきり区切って、サクッと1、2分で終わらせるといいでしょう。

社会人にとって絶対的に大事なのが、時間の感覚です。

仕事では、相手の時間とこちらの時間を出し合い、何かを生み出すことがよくあります。モタモタした話し方をしたり、終わりの見えない雑談ばかりしていると、それだけで時間が奪われます。

たとえば、仕事の打ち合わせをするときに、自分の会社の説明から入る人がいる。その会社が何年に設立され、どのようになって……と話が長くなります。それは相手の人生の時間を奪っていることになるのです。

「要件をまず言う」ことを徹底する。

もちろん短い雑談ならいい。これは別の意味で重要です。

30秒雑談して、さっと要件に入って、相手にやってほしいことを明確に伝える。決めなければならないことを決め、さっさと済ませるのです。

私は原稿用紙1枚分くらいの取材を受けるのに、1時間とってほしいと言われることもあります。しかし、その程度の量ならば3分くらいで話せます。仕事や学校の授業も、それと同じ。上司や教師は、部下や生徒たちの時間を無駄にしてはなりません。

現代社会では、時間感覚がより重要になってきています。学校でも、もっと時間感覚をトレーニングすべきです。

たとえば「先生が話した内容を、生徒が再生できるように」という課題についても、教室で4人1組でひとりずつ再生すると、ひとり1分話せば4分で終わります。ふたり1組なら2分です。50分の授業の中で、たった2分、復習の時間に当てればいいのです。

ここで、ストップウォッチが必要になります。

私は、ストップウォッチを持たないで授業をする教師は危険だと考えています。平気で人の時間を奪ってはいけません。時間泥棒になってしまいます。それを防ぐために、ストップウォッチを持つのです。

ストップウォッチを持って1分話してみると、けっこう長く感じます。

まずは、15秒で練習してみます。15秒で意味あることを無駄なく言う練習を、ひたすら重ねます。それを3つ合わせると45秒です。そうして全部で1分話せるようにするのです。

こうすると、時間への意識が目覚め、意識の密度が高くなります。授業中にだれている子どもたちも、「今から30秒で」とか「1分で」と言うと、シャキッとします。**ストップウォッチを常用することで、時間の密度を高くし、相手の時間を奪わないようにする。それが、現代のワールド・スタンダードです。**

社会人の基本は、時間を大切にすることです。

会社でも一定期間、全員ストップウォッチを使ってプレゼンテーションをする練習が、有意義です。100円ショップでも簡単に手に入ります。

新聞を味方につける要約力

要約力は、会話の中でも一番大切な能力です。この力があると話がずれることがなく、相手と共通基盤を作りやすい。

「つまり、こういうことですね」と、5秒10秒で要約する。長いともたもたして流れを止めてしまうので、短時間で抑える。それが要約力です。

何度も言いますが、要約力のトレーニングで効果的なのは、時間を測ること。自分が知っている知識を、15秒で説明すると鍛えられます。どんな難しい話題でも15秒で説明するのです。

たとえば、「90年代の経済バブルは、なぜ起きて、どういうふうに崩壊したか」。いろいろなことを言いたくなりますが、話の中心は「不動産価格が高騰し、そこに銀行が金をつぎ込んだために不良債権化して、返せない状態になって崩壊した」、あるいは「みんなが右肩上がりを想定してどんどん金をつぎ込んだが、実質がなかったので崩壊した」ということでしょう。

それを15秒で説明できたら、次は30秒にしていくのです。

新聞というのは、常に要約が書いてあります。見出しがありリードがあって、記事もコンパクトにまとまっている。

要約という観点で読むと、新聞は社会人の武器となります。新聞を読み込むだけで、要約力はかなり鍛えられるでしょう。

要約のポイントは、キーワードを落とさないようにすること。たとえば「リーマンショックって何?」という質問に対して、キーワードを見つけていく。「サブプライムローンというのがあったな」とか「世界同時恐慌が起こったな」とか、**2、3個キーワードをピックアップしながら話すと、要約は完成します。**

新聞を読むときには、キーワードに3色ボールペンで印をつけていくと、要約力が

高まります。

本を読むときにもキーワードを丸で囲む。

会社で配られる書類にも、キーワードに印をつけるだけで、さっと目を通す技術が身についていきます。

要約力のある人ほど、速読も得意です。目の訓練をする速読法もありますが、私のやってきた速読法は、要約力に基づく速読法。要約力が身につけば、早く資料が読めて、ずれない会話ができるようになっていくのです。

15秒で要件は伝えられる

では、15秒で的確に自分のコメントを言う練習をしましょう。

おそらく15秒単位で話をした経験がある人はあまりいないでしょうが、テレビのCMは15秒なので、それをイメージするとわかりやすい。

CMというのは、あるメッセージを伝えながら15秒間におさめたものです。しかも、その中にジョークも入っていたりします。長いものなら30秒です。

CMを作るという仕事には、すさまじいエネルギーが必要です。「あと2秒あればこれが入る」など、わずか15秒に全精力を傾けた、非常に意識の高い時間になっています。

その感覚を身につけ、15秒の連なりで1分を満たしていく意識を持ってください。

すると、1分でほとんどのことは伝えられるようになります。

教師ならば、伝えるべき内容を5分くらいでぎゅっと詰め込んだ話ができるべきで

す。たった5分で生徒たちに「もうおなかいっぱい」と言わせるくらいの話をするの

です。それができれば、授業に時間の余裕ができる。

あとはトレーニングタイムと考え、練習メニューを考える。そうすれば授業の最後

の5分は必ず、生徒が再生する時間に使えるようになります。

生徒にとって、よい授業とはどんな授業か？

私の基準は、授業が終わったあとに生徒がその授業について話をしていることです。

チャイムが鳴り終わったあと、誰もその授業について話していないのは、もうひと

つです。家に帰って、「ねえねえ、今日は学校でこういうことを教わったよ」と、小

中高生が親に話すのは、相当よい授業と言えるでしょう。

中学・高校の生徒が教室でボーッとしているときは、授業がつまらないから。つま

らない授業を50分もやられると、生徒たちの魂は死んでしまいます。

私は中学時代、図形の証明が面白くて、休み時間も解いていた経験があります。掃除時間も黒板に書いて友達と議論しました。

授業が終わったあとに興奮して、友達と話した経験があるか？

その経験を思い出し、15秒で話すという課題を大学生に出すことがあります。以下、実況中継的に記述してみましょう。

15秒で話すコツは、「15秒って意外と長い」と理解することです。

案外、話すことができます。では、誰でもいいので立って話してみてください。15秒たったら私が知らせるので、終わったらみんなで拍手しましょう。次の瞬間に別の人が立ち上がってしゃべりだす。どんどん続けていきます。

まずは、やってみましょうか。では、用意スタート！

「高校のときの現代文の先生が哲学科出身で、哲学の話がとても詳しくて、ただそのことに度肝を抜かれて、友達と『今日はやばかったな』という話をした経験があります」

はい、いいですね。今のは15、16秒です。20秒以内ならかまいません。30秒だとちょっと長いけどね。次、どんどんいこう。

「世界史の先生が歌い出しました。『チュニジア、モロッコ、ジブチ、マダガスカル♪』。衝撃を受けた世界史の歌です。こうして私は世界史が好きになりました」

コンパクトに伝える力をつけることは、思考力を鍛えることにもなります。私は企業のセミナーで15秒プレゼンをトレーニングしてもらいますが、活性化します。

このようにどのような課題に対しても、すぐに具体例を考え、15秒でプレゼンをするという力、いわば「15秒プレゼン力」は、社会人にとって強力な武器になります。

雑談は人間同士のおつきあい

先日、坂東玉三郎さんの公開講座が明治大学内で行われました。

大変貴重な機会でした。玉三郎さんは年に6日くらいしか休みがないにもかかわらず、来てくださいました。やはり、本物がしゃべると説得力が違います。

控え室でお会いしたとき、私は「学生に伝えたいことは何かございますか」と聞きました。玉三郎さんは「一流のものと出会うことでしょう」とおっしゃいました。どんなものでも、一流に会わないとダメなんだ、と。

玉三郎さん自身、ご自分の衣装を作るときには、京都の染織の名人の方などに実際に会って話し合い、いろいろなことを教わったり共同作業をしたりするそうです。すると、どれほどすごいかわかる。とにかくすごいものには直接会わないとダメだとおっしゃっていました。

玉三郎さんに「齋藤先生は明るいですね。暗くなることはあまりないでしょ」と言われたので、「20代はずっと無職だったので暗かったですよ」と話しました。そうしたら玉三郎さんも「私も8年ごとに巡ってくるんですよ、暗い時期が」と言われる。

これは舞台に上がる前のわずか1、2分の会話です。それくらいの短い時間でも、共感し合い、気心が知れるのが「雑談力」です。

雑談力の基本は、リスペクトです。リスペクトは、敬意です。相手のことをリスペクトしていると、自然に雑談の中から「あなたをリスペクトしています」というメッセージが出せます。

そのためには、相手のことを勉強することでしょう。**リスペクトを基盤に雑談を展**

開していくと、たいてい気心はすぐに知れます。

ですから、実物と会う機会があるなら、その人をリスペクトして、事前に勉強して臨むといい。一流の人は、たいてい本が出ていたりインタビューされていたりします。私は玉三郎さんに初めてお会いする前に、準備として、関係書籍を5冊、DVDを5本見ました。

「知らないので基本的なことから教えてください」と言われるのは、一見謙虚なようですが、実は失礼な態度なのです。

ところで、雑談が苦手だという人もいるでしょう。

何を話せばいいか悩んだ場合は、まず相手をほめてみるといい。「髪型が似合ってますね」とか「そのシャツおしゃれですね」とか、目に見える部分をほめるのです。

話しているうちに、流行の映画の話になったとします。相手が「あれは面白かった」と言って話を振ってきた場合、「そうでもなかった」と思っていたとしても、頭から否定してはいけません。なぜなら、否定したら話が終わってしまうからです。

「父親役のあの俳優がよかったですね」とか「ラストシーンの映像がとてもきれいでしたね」などと答えれば、そこから話が広がっていきます。

自分に興味のないことや、嫌いだと思っていることでも、まずは相手の意見を受け入れ、肯定する。よい部分を探して話をつなげていくことが重要です。

口下手な人でも、雑談力を上げることはいくらでもできます。**雑談を上手にするポイントは、相手に話の主導権を持たせ、相手の言葉を聞きながら、質問という形で切り返すこと。**

たとえば、相手が飼い猫の話をしてきたときには、「うちの猫も……」と自分の猫の話をするのではなく、「おたくの猫は、どんな種類ですか？」と切り返す。あくまでも、相手の話を聞くというスタンスです。

相手が話し好きなら、「相手8、自分2」くらいのペースで、質問をしながら相手の話を聞き出していけばいいでしょう。

雑談は、話を結論づけオチをつけるゴールが重要なのではなく、パスを回してゲームを動かしていくことに意味があるのです。

相手に意識の線「蜘蛛の糸」を張ろう

玉三郎さんと話をした中で、いくつか面白いことがありました。

ひとつは、**物ごとを人に伝えるときに大事なのは、「意識の線を張る」ということ。**意識の線を張るという表現をしたのは私ですが、玉三郎さんが「まさにそれが、今日私が話したかったことの本質です」と言われて盛り上がりました。

どういうことかと言うと、言葉を投げかける前に、まず意識を投げかける。客席の隅々まで意識を投げかけた上で、そこに言葉を投げかけるのです。

社会人として人に伝える力は、基本です。そのためには、まず「意識の線」を張る。たとえば、話し手が聞き手に意識を投げかけず、うつむきかげんにぼそぼそ話したとすると、聞き手の心はだんだん沈んでいくでしょう。

話す内容以前の問題です。まずは意識を相手に向けているかどうかです。

教師なら、教室の40人全員との間に、意識の線を40本張ることができているかということです。

教室の中には、意識が沈みがちな子どももいます。眠っている子の意識はゼロですね。そこに、意識の線を何度も何度も張り、太くしていくのです。

1本の線は細いかもしれませんが、蜘蛛の糸のようなイメージで、10回20回とその子のほうを見る。見て、その子に話しかけると、線は10本くらいになります。

ちなみに、蜘蛛の糸ってすごいんです。

先日テレビの収録で、専門家が「地上最も最強の糸は何か」というテーマでプレゼンするのを聞きました。様々な繊維を研究している人なのですが、熱に強く伸縮性にも強い糸を見つけたという。それが、蜘蛛の糸だったのです。芥川龍之介の『蜘蛛の糸』を思い出しますね。

蜘蛛の糸は取るのが大変です。しかし、その人は夢中になって何度も何度も巻き取っていく。すると、ものすごい強度になるんです。

それと似たイメージで、聞き手との間に糸を張っていきます。何度も何度も繰り返し張ります。そうすれば、聞き手は話し手の意識に刺激され、眠気が飛んでいきます。

私は授業をしながら、ひとりずつ、学生とアイコンタクトをします。アイコンタクトをしながら、一人ひとりに意識を向けていきます。アイコンタクトをされた人は、自然と眠くなくなるんです。なぜかというと、その人の意識が目覚めてしまったからです。

これは神秘的なことでもなんでもありません。人は「ハッ」となると、意識が興奮状態に入るのです。しかし、誰も見ていないと思うと、意識はよどんでしまいます。

実は生徒たちは、たいていいつも教師のほうを見ています。けれども、自分は見られていない。そういうことを、薄々感じて沈んでいくのです。

だから、**教師は目を合わせて声をかけ、意識を向けてあげます。**その意識は均等でなくてもいい。危険地域に向けて多く配分します。やる気のある子は、放っておいてもなんとかなります。

授業というのは、下のほうが上がってこないと教室が温まりません。

たとえば平均を50とすると、40、30の人を上げていく。すると教室は、一気によい雰囲気になっていきます。

ですからそこを重視して、机の間を周って「ああ、いいね」「この方向でOK」と声をかけるだけでも意識は高まるのです。それほど難しいことではないのですが、効果があります。

意識が低い生徒は、表情でわかります。こちらの身体感覚をセンサーとすると、違和感がある。あのあたりだなと、違和感があるほうを探していくと、その大本がいるわけです。

その子を叱りつけても効果はないので、横に行って話し続ける。「もう勘弁してよ、先生」と言ったとしても、生徒は案外嬉しいものなんです。

ただし、みんなの前で恥をかかせてはダメです。「君に個人的に意識のふりかけを多めにかけてあげよう」という感じでやります。

「意識のふりかけ」をかけないと、なかなかおいしくなりません。

教室を例にとりましたが、会社でも目をかけられると若い人は伸びていきます。意識の線を張り合うことで、クリエイティブな場になっていきます。

相手に伝えるには、イメージを言葉に乗せること

意識の線を張る練習は、4人1組でもできます。

4人1組で話をする場合、多くの人は、真向かいの人だけを見ていて、右隣、左隣の人の目を見ないで話をしています。たった3人しか相手がいないのにアイコンタクトができないようでは、目を向けてもらえない人は寂しい思いをします。ですから、必ず右隣、左隣の人に向いて話すことを練習してください。

意識を向けるだけでは足りないので、ヘソを向けます。姿勢からはっきり変えていきます。

「教育効果は、距離の二乗に反比例する」と言われています。距離が遠くなればなるほど、効果は薄まるのです。

距離が遠い所に座っていて意識が低くなりがちな人を活性化させていくためには、

何かを一緒にやっていくこと。

玉三郎さんの講座でも、客席がシーンと聞き入ってしまうので、私が仕切って「演技を教えてもらいましょう」と言い、聴衆のみなさんに立ってもらいました。

「真如の月を眺めあかさん」という台詞をみんなでやってみたのですが、玉三郎さんが言ったのは、言葉と感情がずれたらダメということでした。

普通の人は、感情をこめすぎると声が出ないし、声をはっきりさせようとすると、感情がこもらなくなります。そこで感情をこめて声を大きくする練習をしました。

そのとき大事なイメージは、遠くの月が実際に見えているかのようにやること。本当に遠くに見えていると思えば感情がスッと入っていきます。

もうひとつは、体の動きです。

真如の月を指すとき、手を動かしていくのですが、普通は指先に気持ちがいきます。では、手はどこから生えているか。

私は肩甲骨だと思ったのですが、玉三郎さんの答えは仙骨でした。仙骨とは、骨盤の中心です。そこから手が伸びていくというのです。

月が遠くにあるというふうに完全にイメージし、「意識の線」を月に張ります。そして「今日はひと晩中、月を眺め続けよう」という情感を持ち、腰の後ろの仙骨から腕を伸ばしていき、指を差す。スーッと体が月に引きこまれていく感じ。体の状態とイメージを合わせ、そこに言葉を重ねていくのです。

舞台の上で、やっていると思いましょう。

大きな声を出すと、先ほどの情感が消えてしまいそうになりますが、情感を保ちつつ仙骨からスッと伸びて意識が月に放たれる感じ。自分の中でイメージを整えることが大事です。

意識の力は非常に重要なことなのですが、**何かを言葉で伝えるときには、伝える側にイメージがありますね。言葉を通して、聞いている一人ひとりの中にイメージが湧けば、伝わったということです。**

伝えるほうにイメージがないまま、平家の滅亡のような歴史的事件を話しても、言語情報でしかありません。聞いている側はわかった感じがしないのです。

言葉と場面のイメージが浸透すると、感動が湧き上がる。それが、言葉とイメージの本来の力です。

ですから、暗唱したり演技ができたり、そのイメージを伝えることができる人が、伝える力があると言えます。

理論を伝えるにも、イメージは大切です。相対性原理でも、伝える側にイメージが必要です。

説明だけではわかりにくいなら「みんなで一度ブラックホールを作ってみよう」とやってみる。「ここを通り抜けても何も見えない、何も見えない、ウォーン！」といった感じで、演劇的にやる。それをみんなで経験するのです。

イメージを共有することは非常に大切です。

「伝える」というのは、言葉を通してイメージを共有するということ。伝える側にクリアなイメージがないまま説明をしてしまうのは、非常に危険です。

対話に必要なのは、ライブ感とクリエイティブ力

玉三郎さんの言葉で面白かったのは「演じるというのは、演じている人間と、演じていない普通の自分とのコミュニケーションだ」ということでした。そのズレをいつも意識していると。

たとえば玉三郎さんは男だけれど、女を演じますね。母親でもないのに母親を演じる。そのズレの距離を毎日確認しながら、自分と対話しているそうです。それがコミュニケーションというわけです。

一方で、見ている人も演じている人の母親像を見て、自分の母親を思い出し、自分と対話しながら見ているんですね。「自己内対話」をしながら演じている人と、「自己内対話」をしながら見ている人。お互いに相手を見ているようですが、自分との対話で成り立っているということなのです。

対話の構造というのは、お互いに向かって言い合うようでも、実は自己内対話が行われていることが多い。

感覚的にモヤモヤした思いがあると、言葉とのズレを感じることがあります。これをぴったり合わせていく力が「言語力」です。**自分の感覚やイメージと、出している言葉のズレが少なくなっていくと、言葉はパッと伝わるようになります。**

また、書いてきたものを読み上げるだけの説明では、退屈してしまいます。それは、書いたときの感覚はもう過去のものだからです。今、ここで生まれ出た言葉でないとダメなのです。

常に、ライブ感覚でいることが重要です。今、相手とここにいるからこそできることを味わうのです。

「今、聞き手がこういう反応だったから、これもやってみようか」と、反応を見ながら変えていくと、生きたプレゼンになっていきます。

ライブ感が必要ないのなら、優秀な講師のＤＶＤを見ればいいわけです。家で、倍速で見れば早く終わります。生の場でみんなが集まる必要はないことになりますよ。

なぜ、みんながここに集まっているのか。

説得力を持たせないといけません。

会社では皆が忙しい。その忙しい時間を割いているのに、会議でメリハリのない説明を延々と続けられるとキツイものです。

テキパキ説明し、論点を明確にして、やり取りをし、共通認識を増やしていくライブ感が大切です。

これからの社会人には、ライブ空間を運営する能力が必要です。

まず大事なのは、ライブ空間で沈んでいる聞き手がいないかどうか。いるのであれば、その人たちを起こすような工夫を考える。

どれだけ、場にライブ感を持たせられるか。

どれだけ、場をクリエイティブにできるか。

場を活性化する力が、今、社会人に求められている力なのです。

第3章

クリエイティブな関係を生む力

相手との間に新しい意味を生み出す

学ぶことは、新しい世界へのチャレンジです。これは社会人にこそ、求められます。厳しさをむしろ心地よさととらえるのが、大人の学ぶ構えです。

「厳しくても、自分を伸ばしてくれる人」を避けるということが、現代日本の最大の問題点です。伸びるとわかっているのに、「苦しいものは嫌い」という傾向を作り上げてきているのが、今の日本なのでしょう。

社会人ならば、切磋琢磨することを喜びとしてほしい。学ぶことから逃げ出さないでほしいと思います。

学ぶことに積極的でないのは、現代日本を象徴する現象です。アジアやアフリカの国に行けばわかりますが、彼らの多くは学びたいのに学びを阻害されている状況です。

日本はいくらでも学べるのに、そこから逃げ出したいと多くの人が思っている。何をしたいかというと、友達同士でSNSを使うコミュニケーションです。

電車の中で本を読む人も、少なくなりました。

いつのまにか、「勉強は面倒くさい」ということが日本人のメンタリティーになってしまいました。これは、明治以降百数十年の間に落ちてしまった、日本人の大きな変化だと思います。

世界的に見ても積極性が足りない日本人の現状に対し、積極性を伸ばすのが、指導者の一番の課題です。

積極性の基本となるのは、「クリエイティブな関係を生む力」です。**お互いの間に新しい意味が生まれ出る関係性を、クリエイティブな関係と呼びます。**

ふたりで話していても、新しい意味が生まれない会話はよくありますよ。これも雑談みたいなもので、仲よくなるためには重要です。また、家族との間では、いちいちクリエイティブにはなれません。家族はそれでもいいわけです。

しかし、社会全体を見たときに、クリエイティブな関係性を生み出すことは非常に大切です。**社会の生産力の向上にも関わってくるし、自分自身の生きがいにも関わってきます。**

自分自身にクリエイティブな才能が足りなかったとしても、そういう関係性や場を作り出せる人になってほしい。仕事をするとは、そういうことです。

上司であれば、部下一人ひとりが、プレイヤーとして「自分が主役だ」と思えるような空間を作る。そう考えると、上司は問題意識や課題を与えるリーダーであると同時に、クリエイティブな関係性の場を作る裏方、という役割も担っています。

たとえば、職場や教室で議論が盛り上がるようなテーマを見つけること。

社会人に「山と川とどちらが好きですか？」と聞いても、真剣に議論できません。このテーマで真剣な議論ができるなら、精神的に幼いか素直すぎかどちらかでしょう。私は小学校5年生のときにこれでディベートをしましたが、すごい盛り上がりでした。

ディスカッションは全員参加が基本

社会人の場合は、「山と川」だけでは盛り上がりません。もっとクリエイティブにするために、テーマ設定を考え抜く必要があります。

また、テキストや資料を用意することによって、議論が濃密になっていきます。空疎な議論ではなく、しっかりステップアップしていく議論にする。そのための準備が重要です。

いわゆる教科書は、討論のテキストとしては微妙です。なぜなら、あまりにも正しいことが書いてあり、議論の余地などありません。

教科書をめぐって議論するのは非常に難しい。世界史であっても、生物であっても、「その通りです」となります。ちゃんとしたことが書いてあるので有効性は高いのですが、議論の素材としては、もうひとつです。

もう少し素朴で多様な意味を突き出せるのが、議論のテキスト（資料）でしょう。たとえば、30分の濃厚なドキュメンタリー番組と統計的なデータがあったとします。それを見ると議論がしやすくなります。

つまり、**テキストと問いが、場を活性化するのに必要な力です。**

討論というのは発問が大事です。討論の軸になるような問いを考え、その上でテキストを上手に用意し、みんなに共有させて議論していくと、討論はクリエイティブになっていきます。それほど難しいことではありません。

大事なのは、「テキストの選定」「問いを策定する発問力」「その場のディスカッション」の3つです。

「その場のディスカッション」とは、意見の組み合わせの場を作ることです。

グループになって話しているときに、自分が思った以上の考えが自分の中から生まれ出たとき、それはクリエイティブな議論と言えます。あるいはそのコンビネーションの中で、初めて意味が生まれたときもクリエイティブ。

頭のいい人がひとりで、ひたすらしゃべり続けるのはクリエイティブではありません。話している本人にとってもクリエイティブではないのです。

ところが、知識のある人が、相手がよい質問をしたことによってしゃべる内容が変わったり、新しい方向性を見つけたりすることがあります。この場合は、質問がクリエイティブな関係性を生み出したと言えます。

非生産的な会議で時折見られる風景ですが、人が集まったとき、ほとんどの時間をひとりの人がしゃべるだけというのは、クリエイティブとは言えません。上司がしゃべりすぎるのは、部下の主体性を奪うことにもなります。

だから全員が参加して、その場に貢献する感覚を味わうこと。社会人の会議もそうですし、教育にとっても重要なことです。

聞き手側にずっといるのでは、テレビを見ているのと同じです。どこかいつも他人事の、傍観者にしかなれません。

けれど、話し合いに参加して「自分がいたからこの場が盛り上がったんだ」と思えたら、その場のことを好きになれます。

それが、チームを形成していくということ。チームの一員であることを感じさせるのです。

練習すれば、誰でもクリエイティブになれる

まずは自分自身で、クリエイティブな関係性の経験を深めていくのが王道です。

クリエイティブな場で経験を積むと、クリエイティブな組織をマネジメントできるようになっていきます。そして、一人ひとりに参加してよかったなという思いを味わわせることができるようになっていく。

いいプロジェクトチームで新人がクリエイティブな関係性を作る練習をしておくと、職場の空気をクリエイティブにしたり、やがてリーダーとして場を作っていくことができるようになります。

ちなみに私は、クリエイティブではない場にはほとんど居合わせたことがありません。クリエイティブしかない人生もあるということです。遊んでいても、雑談していても、ジョークが浮かびアイデアが浮かびます。これは単に習慣です。

ひとつでもアイデアが出れば、クリエイティブです。

明治大学を卒業して東京都の教員になったE君は、採用面接で「君は古文をどうや

って教えるのか」と聞かれ、あのゴールデンボンバーの替え歌を歌ったそうです。

「女々しくて、女々しくて、女々しくて、心憂《う》し〜♪」

これで、「心憂し＝つらいよ」だと一発で覚えられる。そういう授業をやりたいです、と面接でやって見せたそうです。彼は、私立の常勤採用試験、東京都の教員採用試験、連戦連勝でした。

機転力、アイデア力をその場で発揮できる。そういう人を社会は求めています。

さて、クリエイティブな関係性に話を戻します。

何でもいいので新しいものが生み出せたら、その瞬間を祝福しましょう。拍手して「すごい！」と言うのです。

上司がひとりで話しているだけでは、クリエイティブではありません。

でも、部下の発案によって上司が何かを思いついたなら、それはクリエイティブです。「いやあ、今の質問はよかったね」というふうになれば、クリエイティブです。

よい会議というのは、情報を共有しながら問題を提起し、その場でしか生まれない案を出す。それに対してまた別の人がアイデアをプラスしていく。そういうものです。

その場でアイデアがわーっと湧いてくることが、クリエイティブ。

そして、それが学ぶということです。

相手の出方を見る臨機応変さも必要

もう30年ほど前になりますが、長野県の小学校で、牛山先生という方の国語の授業を見ました。テーマは三好達治の『土』という詩です。

公開授業にあたって牛山先生は、計画を綿密に練っていました。「この質問をして、こういう答えが返ってきたらこうして……」と考えていたのでしょう。先生がこの短い詩を黒板に書き、最初に児童みんなでこの詩を読み上げました。

「蟻が
蝶の羽をひいて行く
ああ
ヨットのやうだ」

しかし、児童たちの朗読を聞いて、牛山先生は突如授業プランをすべて捨てました。

そして児童たちに「どうですか？」と聞いたのです。私はびっくりしました。

「どうですか？」という発問くらい、授業中にやってはいけないと言われているものはありません。聞かれたほうは「どうって言われてもねえ……」となってしまいます。だからこそ、牛山先生は綿密に授業の準備をしていました。

「作者の目線はどの位置にありますか？」とか「ヨットのようだというのに、なぜタイトルが『土』なのだろう？」とか「羽はどういう形をしているのだろう？」とか「じゃあ絵に描いてみよう」とか。こうして解釈を深めていくのが、普通の授業です。

牛山先生は、なぜそれをやらずに「どうですか？」と聞いたのでしょう。

授業後に牛山先生からうかがったのですが、それは児童たちの音読を聞いた瞬間、「この子たちの理解はすでに深い」とわかってしまったからなのです。

自分が準備してきた内容は、児童たちを見くびっていた。だから、もう投げ出して「どうですか？」と児童たちに任せてみようと、その場で決めたんですね。

その後の45分間、教室ではものすごいことが展開されました。

ある児童が「はい」と手を挙げ、「作者は○○を感じて、こう表現したと思います」と言うと、それに対して別の児童が「それに付け加えて、作者は△△も感じていたと思います」と言い、次から次に連鎖しながら児童たちは新しい意味を付け加えていって、授業が終わったのです。

牛山先生は、ほとんど板書するだけ。ときどき「これはこういうこと？」と聞いて確かめるだけです。

それなのに、児童たちが「今の意見にちょっと反対ですけど」とか「今の意見に付け加えると」と、生産的に発言がまわっていくのです。全員が発言し、その詩のあらゆるイメージが提示されて終わりました。小学生の授業ですが、すごいものでした。

児童たちは、詩のワールドに入り込んでいる。それがわかったから、牛山先生は自分が発言するのをやめ、授業の段取りもすべてとりやめたのです。

しかし、先生がその場にいなければ、児童たちだけでそんな話し合いをするはずがありません。先生がいるから、クリエイティブな場になるのです。

そう考えていくと、**クリエイティブな関係の構築には、参加者の状態を見て、何を投げかければいいのかを見はからう力も必要です。**

今、どんなことを投げかければいいのか。

今、何をすればいいのか。

たとえばチームが沈滞しているときに、指示を与えるのは上司です。今の状況を理解し判断して「これをやってみろ」と言って、それがぴたりとはまったとき、場は動き出します。

サッカーで言うと、ハーフタイムの前後にどう変わったかで監督の善し悪しはだいたいわかります。

前半の45分間を参考に、ハーフタイムにどんな指示を出したか。後半よくなっていたら、監督の采配がよいということ。後半劣勢になれば、それは監督の判断がよくなかったということです。選手交代は監督にしかできないことで、そういう観点でスポーツを見ると、すごく勉強になります。

この「ハーフタイム力」が、上司には必要です。

私は、スポーツの監督と上司はとても似ていると思っています。自分がすべてプレイするわけではありません。部下がプレイしないとダメなのです。

クリエイティブとは、その場で新しいものを生み出すことです。遊びでも、友達との会話でも、常に新しい気づきや笑いが生まれる工夫をする。

新しいものを生み出すということで、授業では先ほどの「女々しくて」の替え歌を、自分アレンジでやってもらいました。

「なんでもいいから替え歌にして、聞いたらみんなで拍手をします。1分間考えてみてください。

はい、ではいきましょう。出来不出来ではありませんよ。こういうことをすぐに立ってできる人が、会社でも学校でも採用されます」

このように「ムチャ振り」とも言える課題を出します。すると、何とかアイデアをひねり出すものです。追い込まれると、クリエイティブになるということもあります。

相手が誰であっても明るい場を作る

アイデアというのは、たいていは無から生まれるものではなく、今あるものをアレンジしたり、何かと何かを結びつけていく発想です。

ですから、くだらない内容でも意味のないことでもいいのです。30秒か1分で考えて発表していきます。

テレビ出演というのは、こういうことの連続です。「ムチャ振り」に強くなければいけない。思いつかない人は、自分を追い込んでくださいね。

私は授業で出来不出来を問うことはありません。出来がよければもちろんいいのですが、出来が悪いからダメということはない。何でもいいので、ひねり出す勇気が大事です。

クリエイティブな関係性の基礎は、全員がリラックスしているということ。

聞き手が受け止めてくれると思えば、リラックスできます。絶対に同僚が笑ってくれるというセーフティーネットがあれば、勇気が出るものです。

私もそうでした。

中学のキャンプの出し物で大コケして、誰も笑ってくれず寒い空気になったとき、佐藤先生が大きな声で笑ってくれたことは今でも忘れられません。

その笑いにつられて、他の人も笑ってくれた。そこで救われたのです。

つまり、ちょっとしたことでも、いつもそれを面白がって笑ってくれるのが、いい仲間です。

聞き手は「ウケる」「面白がる」「雰囲気を明るくする」ことを意識してください。

けなすのではなく、明るく受け止める。

知識の足りなさやアイデアが多少平凡なことは、問題ではありません。そのかわり、積極性のなさは問題です。

人の意見を明るく受け止めることは、職場の空気作りに必要です。

相手が誰であっても、一緒にいる場は明るくするのです。面白いときは本気でウケればいいし、まあまあのときでもそれなりにウケる。笑いのベースを厳しくしないことです。

普通の人は面白くないときには反応しませんが、それでは場の空気が冷えてしまいます。

教室では、先生は盛り上げてくれる存在だと生徒に安心感を与えることが大事です。たとえば、生徒が頑張って俳句を作ってきたとします。季語が入っていない、五七五になっていないなど、ほめようがないものでも、ほめないといけません。なぜなら、生徒が頑張って作ったんだから。

そういうときには「視点がいいね」などと、ほめるようにします。

会社でも、部下の書いた文章を読むときには「よくまとまってるね」と言ったあとに、「この部分が簡略にまとまっていて、よく伝わる。どこに出しても通じるよ」と言うなど、書いた人が報われる具体的なほめコメントをすることが大事です。

部下のアイデアに対して「それもアリだ！　面白いな」とほめ、何かプラスしてもうひとつアイデアを出す。

その人の意見があったからこそ新しい考えが生まれたという仕組みを作り、場を盛り上げるのです。

ポジティブにほめる「コメント力」を鍛える

「ほめコメント」は、コメント力の中でも非常に重要です。

ポジティブコメントのバリエーションを、常に用意しておくこと。

発言を聞いたあとに、シーンとなってはいけません。笑って、拍手して、コメントをひとつ言う。中に面白いポイントがあれば、そのポイントを指摘するのです。

コメントは、自分の用意していた内容を前の人が先に言ってもいいように、いくつか用意しておきましょう。

就職試験の集団面接では、面接官は最初に話す人が有利なことをよくわかっています。最後のほうに当たったときは、「○○さんと△△さんの意見をあわせ、なおかつプラスアルファしてこうします」と発言する。すると「なんてクリエイティブなんだ！」となります。

その場で考えを思いつくことができる。前の人の言うこともよく聞いてプラスしている、という意味でも、評価は格段に上がります。

こういう力を本番で発揮できれば、持っている能力はすぐに伝わります。

コメント力というのは、社会人の礼儀です。

相手の説明に対して必ずコメントをする。

「君はどう思う?」などと聞かれなくても、スッと返礼のようにコメントできることが大切です。

コメントは一種の返礼です。

たとえば相手が食事を出してくれたら「おいしいですね」などとコメントしますね。相手がしてくれたことに対して返礼する。その習慣が重要です。

コメント力を上げるためのトレーニング法としては、まずは何も言わないよりは言ったほうがいいと意識すること。

言うのならポジティブなほうがいい。

しかも、具体的でポジティブなことがいい、とハードルを上げていきます。

たとえば、テレビの食べものレポートを「食レポ」と言いますが、海老が出てきたとしますね。みんなが「ぷりぷりです」と言いたくなるわけです。

もちろん言っていいのですが、そのあとにもう少し具体的なことを付け加える。それがコメントのコツです。

まずは率直な感想を言い、次に具体的なポイントを言う。

今の時代は、ポジティブコメントでないとなかなか受け入れられません。ですから、どんな場合でも、いいところを探しながら言葉にしていきましょう。わかっていると思いながらも、言葉にしていない人は意外と多いものです。

たとえば、男性が女性とふたりで食事に行ったとします。

女性はそこに来るまでに、ネイルやアクセサリー、靴などを気にして準備していますが、なんとなく気づいても言わない男性が多い。しかし、そこでさりげなくほめコメントをするのが大事です。

まずは、変化に気づくことが重要です。気づいたらさりげなく口にする。さりげないやり取りの中にほめ言葉がちりばめられると、自然に気分がよくなってきます。

議論をする場合も同じです。

日本人の場合、敵対的な議論はそう多くありません。相手の言っていることがもっともだと思ったら「おっしゃる通りですね」「そのポイントには気づきませんでした」「この角度から見るとそうですね」と肯定します。

自分の意見を通したいときでも、相手の言い分を認めることが大事です。そうすることで、感情において相手がひと息つけるからです。相手を認めるコメントで、信頼関係を作りながら、踏み込んだ会話に進むのです。

以前の日本人は、生活の中でコメントを求められるとは思っていませんでした。しかし、テレビを見るとわかるように、その場にいる人はたいていコメントを求められます。どんな場面でも、出演者になった気分でコメントを用意するクセをつけておくといいでしょう。フェイスブックなどでは、コメント力が問われています。世はまさに、コメント力の時代です。

私の授業では、ひとりが発表をしたら、聞き手側が「ウケる」「反応する」「ポジティブコメントを言う」練習をします。

立って、ジャンプして軽く体をほぐして、ハイタッチをしてから始めます。発表が終わったら、聞いていた人はコメントをどんどん言います。ほめコメントが中心です。

盛り上がりが続き、誰かがしゃべり続けて、場を温め続けることが重要です。機械を常に動かさなければならないように、場も常に動いて温めておく。何かしらしゃべりながら、みんなで盛り上げ続けていくのです。

アイデアは永遠に生み出せる

アイデアは、対話中にも生まれやすいものです。

「あの3人の言葉を聞いて、こんなものを思いつきました」「○○さんに触発されて、今思いついたけれど、これもありじゃない？」となれば、クリエイティブな関係性ということです。

アイデアをひとつも思いつかない人は、残念ながらクリエイティブではないということです。無理やり何かひとつ、ふたつ、ひねり出す根性が大切です。

何を見ても、何かを思いつくということを大事にしてください。常に何かを思いついてしまうというメンタルにする。街を歩いていても、常にです。

私は、アイデアに困ったことがありません。

以前、アートディレクターの佐藤可士和さんと対談本（『佐藤可士和の新しいルールづくり』筑摩書房）を出したのですが、「以前はアイデアがなくなることを心配していたけれど、もうそれはあり得ないということがわかった」と、ふたりで共感し合いました。

アイデアというものは、生み出す意思を持ち続け、経験知が積み重なっていくと、永遠に生み出せるものなのです。

しかし、アイデアを生み出す瞬間を日常的に持っていないと、アイデアは出てきません。

これからの企業や組織にとっては、アイデアが命です。ただ、真面目では足りない。アイデアが出ない会議は、本当につまらないものです。

インスパイアされてインスピレーションが湧くのがクリエイティブな関係です。

座持ちという言葉があります。場が冷えないように温め続けるのは、とても大事なことです。そして、**相手を傷つけないようにポジティブな方向に持っていくコメント力、対応力が重要です。**

先ほども言いましたが、就職試験の集団面接のときには、「他の人が言っていることに触発されて思いつきました」と言える人は、柔軟性、適応力が評価されます。

会社は、チームとしてやっていける人を採用したいんです。その人に能力があったとしても、身勝手な人間だったら組織の中ではやっていけません。

会社というのは人を生かし合うチームです。先にアイデアを出してくれた人の思いを生かし、次にアレンジを加えていくのです。これがクリエイティブです。

評価基準は明確でフェアであること

社会学者のピエール・ブルデューの研究で「パリの子は面接に通りやすい」といっ

た内容の結果がありました。

　理由は、都会に育った子のほうが、面接の場においてリラックスしているから実力が出やすい。地方の子は面接において不利だと言うのです。そうなると、どこに生まれてきたかということで結果が変わってきてしまいます。

　勉強は比較的そういう差が現れにくいので、その人がどこにいても公平な判断ができるシステムとして、明治時代から続いてきた側面があります。

　教師になったときや、社会の様々な場面で上司の立場になったとき、どんなふうに人を評価するのか、何の試験をするのか。

　たとえばテストでも論述の問題があれば、受験者は論述の勉強をしますし、穴埋めだったら穴埋めだけを勉強します。会社であれば、昇進試験や人事面談などがありますが、評価基準が定まっていないと、部下は何を目標に仕事をすればいいのかわからない。

　ある有名デパートでは、昇進試験に小論文が課されています。

　勉強があって、試験があるのではないのですね。試験がどうあるかによって勉強の内容が変わるのです。だから「人をどういう基準で評価するのか」ということを、真剣に考えるべきなのです。

私の授業では課題の準備、プレゼン力、ディスカッション能力などを重視します。レポートも課しますが、出席も重視しています。

私が授業で出席表を配るようになった理由のひとつは、学生の要望が増えたからです。かつての学生はそんなことは夢にも思っていませんでした。

真面目な学生が、「全然授業に出ていない人と、毎回授業に出ている人の成績が同じなのは納得がいかない」と言うのです。最後のテストやレポートだけだとごまかせて公平ではない、ということでした。

確かにその学生の言うことももっともなので、出席を毎回とるようになりました。考えてみれば、私の授業は出席すること自体が重要なので、取り入れてよかったと思っています。

気持ちよく評価をするためには、スポーツ的である必要があります。スポーツ的とは「フェアである」こと。やっぱり、フェアなのが面白いんです。

上司や教師がフェアであり、そして常にフェアに評価されることを部下や生徒は求めています。いろいろな立場になったとき、どんな試験でどう評価するかというところに、上に立つ者のすべてが問われるのです。

第４章

意識の量を増やす力

情報をキャッチするには、まず意識すること

社会人は、社会全体に対してアンテナを張っておくことが求められます。私のセミナーや授業では、新聞を題材にした課題を出します。新聞を切り抜いてノートに貼りつけ、コメントを書く。スクラップブックを作るということです。

新聞を読んで切り抜く課題をやると、気づきがあります。

やってみて、今までにないアンテナが立ったという人が多くいます。政治に興味がなかったけれど、政治に対するアンテナが立ったとか、知らなかった経済の言葉がわかったとか。

新聞ではありませんが、私の場合、こんなことがありました。

ある学生が歌をやっているというので、授業が終わったときに「どんな歌を歌っているの?」と聞きました。彼女は「安藤裕子さんという方の歌を歌っています」と言う。「キャスターの安藤さんではないよね?」「はい、違います」という会話をしました。

その日テレビを見ていたら、堺雅人さんが出ている飲み物のＣＭの右下に「安藤裕

子」と小さく名前が出ていたんです。まったく知らない人なのに、聞いた日に目に入ってきました。

意識することによって「ここにも、あ、ここにも！」と目に入ってきます。つまり、知らないときは何も見えていないということ。アンテナが立つと、急にキャッチできるようになるのです。

授業で「この1ヶ月くらいの間で、そのように自分が変化したエピソードを発表してもらいましょう」という課題を出したところ、次のような答えがありました。

「大学入学前に自動車免許を取ったのですが、標識が見えるようになりました。『あ、ここにも一時停止がある』と気づきます。免許を持っていないときは知らなかったので、危なかったんだと思いました」

「憲法9条改正のニュースを見て、法学部の憲法の授業に身が入るようになり、先生の話がわかりやすく聞けるようになりました」

「新聞の下段にたくさん本の広告が出ています。その中にある本が面白そうだと思ったのですが、いつも買い忘れてしまうんです。でも先日、本屋に行ってその本を発見したら、たまたま隣にいた人も『これ、新聞に載ってた』と言っていました。アンテナに引っかかるとはこういうことかと思いました」

「情報や知識は、アンテナ次第」ということです。

アンテナが立つと等比級数的に知識が増える！

自分が知らないこと、気にしていないことは、一切頭の中に入ってきません。ボックスがあっても、アンテナがなければ何も入らないのです。

昔、ハエ取りテープという商品がありました。天井からぶら下げて、ハエがピタっとくっついたら動けなくなるテープです。昭和の田舎の食堂にはハエ取りテープが下がっていて、たくさんハエが留まっていたんです。

何が言いたいかというと、粘着力のあるテープをぶら下げていると、何でも引っかかってくるということです。

ひとつふたつと増えるのではなく、あるときから等比級数的にガーッと引っかかるものが増えていきます。１００くらいを超えると、いろいろなものがつながって見え

てくる。より一層、多くの情報が入ってきます。

知のアンテナのない人は、何を見てもほとんどが入ってきません。ニュースのほとんどは聞こえていないわけです。でも、聞こえるようになった人は、世の中のあらゆる情報が「ああ、ここでもつながる、ここでもつながる」となっていきます。

知識そのものがアンテナになるので、知識が多い人は一層知識が入ってくるようにできているのです。知識がない人は、そのアンテナが立たないので、外側をただひたすら情報が流れていくだけです。

ものを知らないのは、アンテナが立っていない状態です。いくら頭がいい人でも、ものを知らないと入ってきません。

これは、知能指数とはまったく別の世界です。

もちろん頭の回転は速いほうがいいのですが、知識や経験値でカバーできる面は多いのではないでしょうか。

どんどん新しい知識を仕入れ、それが自分の中でつながるということが大事です。

普通の中学生や高校生は「ＴＰＰって言われても……」という感じでしょう。でも、新聞の切り抜きをして読んでいくと「ここにもＴＰＰ、ここでもＴＰＰ」とわかってくる。憲法９条も同じです。

新聞の切り抜きをすると、アンテナがはっきり立ちます。

実際、私たちの耳にはたくさんのニュースが入ってきますが、多くは流れていくんですね。

自分で切り抜いて貼ったものなら、必ず読んで覚えます。

そこがベースキャンプのようになって、いろいろなものが離着陸する。

私は、貼りつける行為自体に意味があると思っています。

自分の外側にあるものを、選んで、切って、貼って、自分のノートに入れる。すると、完全に記事が自分の中に入る。

若い人には特に、こういうことを2週間はやらせてほしいと思っています。

新聞の切り抜きで社会状況が見える

新聞の切り抜きをすると、社会性が必然的に身についていきます。

むしろ、社会的な事柄に興味がない状態を作るほうが難しくなります。新聞を切り抜いてさえいれば、社会的なことに興味を持つようになるのです。

たとえば、少子化問題。

今、少子化問題でどんな対策が打たれようとしているか。少子化は現代のスペシャルな問題です。

今の出生率1・42（2014年度）が続けば、3000年を迎える頃には、日本の人口はゼロになるとも言われています。人口は急には増えないと思われるので、2100年頃には、現在の3分の2くらいの人口になっている危険性もあります。

出生率が減少してくると、経済も成り立たなくなってしまいます。ですから少子化は急務の課題です。

そのために、働く環境作りや保育園の待機児童問題も大事ですが、非婚化・晩婚化が根本的な問題なのです。

非婚化・晩婚化を食い止める決定的な手を打たないと、本質的な解決にはなりません。その課題に対して、自分たちは何ができるのか。社会にとって重要なテーマを考えながら生きていくのが社会人です。

親になったり、上の世代になると、下の世代の人を教えることになります。そのとき、自分の生活を最優先にするのではなく、必ずや次の世代をちゃんと「再生産」しなさい、と教えることが大切。

再生産とは「リプロダクション」です。

日本語で再生産は、もう一度作るという意味ですが、実際はそれだけではありません。

再生産は概念です。次の世代を再生産する。文化を再生産する。マルクス主義では、「階級を再生産する」という言い方もあります。

たとえば、農民で生まれたらまた農民になるというのは、身分制の再生産です。これはネガティブな意味で「社会階層が再生産される」と使います。

しかし、ここでは再生産をポジティブなものとしてとらえます。

人間はやがて死んでしまうので、社会は入れ替わっていきます。

人が入れ替わっても、社会としての体裁やシステムは保たれます。スポーツチームでも、引退した人のかわりに新しい人が入ってチームが保たれていく。これが再生産ということです。

社会にとっては、「社会の再生産」が一番大事です。

再生産しないと、社会がなくなってしまうのです。日本という国がなくなっても構わないというなら、話は別です。

たとえば、世界には様々な民族がいますが、その民族が大国に併合されて少なくなったり、立場が悪くなったりするのは、厳しい問題です。ソビエト連邦崩壊の主な要因のひとつはそれでした。崩壊する直前は、経済的な問題だけではなく、様々な民族の蜂起があったのです。

民族が自立することは重要です。その使命は、民族が再生産しなければなりません。そうしないと民族を守るも何も、自立する前になくなってしまうでしょう。日本は少子化対策を講じなければ、再生産がかなり難しくなりつつあるのです。

学校には、知識や文化や教養、システムの理解など、ソフト面を維持する役割があります。

たとえば「挨拶ができる」とか「約束通りに提出できる」など、能力をきちんと身につけた人を送り出し、社会をまともに機能させる役割です。

つまり、学校とは社会の再生産を可能にする組織でもあるのです。

もし、学校がなくなったらどうでしょうか。人が訓練されないまま20代になったら、日本の社会は維持できません。日本の企業はレベルが高いので、そのレベルがクリアできないと、社会の再生産は難しいのです。

外国人の労働力を頼りにするという考えもありますが、そうなると社会はさま変わりし、今の日本社会の再生産ではなくなります。

「学校とはどういうところだ？」と聞かれたとき、「社会の健全な再生産のための組織である」と端的に答える人は、少ないと思います。「再生産」という言葉を知らなければ、答えられるはずがありません。それが概念の力です。

概念というのは、偉大なものです。

「再生産するところ」と思えば、学校は何のために存在し、教員としてどういう仕事をするべきかがはっきりわかります。

日本社会は比較的きちんと機能しているので、前の世代がやってきたことを次世代に訓練することが繰り返されてきました。自分たちがやってもらったことは、次の人にもやってあげる。それを組織的にやるのが学校です。これで、学校の意味が明らかになりました。

しかし少子化は、自分のやってもらったことを、次の世代にしてあげないということ。「自分が好きなことをやって何が悪いの？　どうして子どもを産まなければならないの？」と考える人が増えているということです。

そういう人が、人口の5パーセントくらいなら全然かまいません。むしろ社会は活気づくでしょう。みんながみんな、結婚して子どもを産まなければならないわけではありません。

しかし、その人数が増えてきて、30パーセント、40パーセント、50パーセントとなっていくと、日本社会は存続できなくなります。

社会の根っこにあるのは「再生産」

スウェーデンからは、ビョルン・ボルグをはじめ、マッツ・ビランデル、ステファン・エドベリなど、強いテニス選手が次々と生まれました。それは、なぜでしょうか。それは、ボルグの前の世代の人たちがボランティアでコーチをしていたから。そこから、ボルグなどの選手が育ってきたのです。

今はまた育てられた世代が、ボランティアで子どもたちを教えている。自分たちがやってもらったから、自分も教えるというふうに循環しています。

本来、文化は継承していくもの。自分たちがしてもらったことを、次は自分がやっていくものです。

そういう気持ちの人が減り、なおかつ次世代を作ることに興味がないとなると、その世代で終わることになる。今の出生率の低下、非婚化・晩婚化は、そういう傾向が強まっているということです。

ですからなおさら、「社会の根幹は再生産にある」という意味を、子ども時代に教えないといけません。

社会全体は、ひとつの大きな機械のようなものです。動かしていかないと途中で止まってしまいます。労働力が激減すれば、社会保障制度も崩壊する。働き手がいないと若い人の肩に、高齢者の負担が乗ってくるわけです。

20代、30代の人は、普段から水圧10メートルくらいの圧力を感じているはず。なんだか息苦しいでしょう？　みなさんは、ある意味で被害者なのです。

幼い頃から「年金が崩壊」とか「国の財政がピンチ」とか、苦しい話題ばかり聞いてきたはずです。ニュースを聞いていないような中高生でも、言葉は耳に入ってきますね。

なんだかこの国は不況らしい、この国は元気がないらしい、この国は高齢者ばかり……。若い人を、そういう状況に追い込んでしまいました。

たとえばロシアでは、子どもを産むとお金をたくさんもらえる制度があります。そのため急に出生率が上がって景気がよくなっています。

それを考えると、人口の増減は人為的なものでもある。下がってくるのが自然だとしたら、人為的に下げないこともできるのです。

日本の出生率の下がり方が激しすぎるのは、自分がしてもらったことを返すのが素晴らしいと思えなくなっているからです。自己中心的で、自己肯定感がないことも要因のひとつでしょう。

結婚するかしないか、出産するかしないかは、もちろん個人の自由です。他人がとやかく口を出すことではありません。しかし、社会全体をとらえる目も、社会人としては持っていてほしい、ということです。

いろいろなことを申しましたが、「社会の再生産」を意識することが重要です。たとえば九九を覚えさせてもらったから、九九を教える。百人一首を覚えさせてもらったから、百人一首を教える。社会はそういうことの連続で、学校は「文化遺産」を新たに更新しつつ継承していく場所なのです。

意識の量と仕事の出来は比例する

教育とは、生徒にアンテナを立ててあげることです。高校で教師として教科を扱う場合、その生徒が「日本史の勉強をする」「世界史の勉強をする」「政治経済の勉強をする」のは、その1年間しかないと思って教えていただきたい。

たとえば理系の多くの生徒にとって、一生の世界史の知識はその1年分が中心となります。そこでの先生との出会いによって、生徒の知識が決まります。

アンテナを立ててあげれば、大人になっても学ぶ意欲が伸びていく。

たとえば『テルマエ・ロマエ』(ヤマザキマリ、エンターブレイン)も、世界史の知識があればあるほど面白いわけです。

生徒の伸びしろは、よい教師との出会いによって1年で決まります。

文化遺産を継承していくには、継承を担当する人間に魅力がないとうまくいきません。そこが大きなポイントで、教師自身にアンテナが立っていないと、授業は面白くないのです。

社会人になってからも、アンテナを立てることで魅力が生まれ、他の人への影響力も高まります。

つまり、**社会人として必要なのは、アンテナをとにかく立てておき、いろいろな話題を用意することです。**そう考えると、あらゆるところにヒントがあることがわかるでしょう。

街を歩いていても、テレビを見ていても、雑誌を見ていても「この人は本当に頭がいいな」とか「この人はうまいな」というものを探すと、面白いものが見つかります。

たとえば「このキャッチコピーは、うまい」と思ったときには、スマホなどで言葉をメモする。私は、そうしています。

CMというのは、社会に対してどういうメッセージを与えると人が動き出すかを常に考えています。15秒の中に膨大な知識と現代的センスが詰まっているんですね。ですから、自分が「すごい」と思ったCMをきっかけにすると、社会人のアンテナが立ちます。

アンテナを立てるのと同時に、「意識の量を増やす」ことも重要です。

そもそも「意識に量があるのか」という問題はありますが、私はあると仮定しました。なぜなら意識の量が少ない人を目にするからです。ひとつのことをやっていると、それしか考えられなくなる。しかも、やれと言ったことさえも外してしまいます。

意識の量が少ない人は、ひとつやろうとすると他のことを忘れてしまうのです。

数学の問題というのは、実は意識の量を増やす練習の場でもあります。意識の量が増えないと、複雑なルールに従った計算などできないからです。意識の量が少ない人は、手順を間違えてしまう。そうすると、答えが合いません。

新幹線の車内や野球場で物を売る人たちにも、意識の量の話はあてはまります。人によって意識の差は明らかで、売り上げも全く違うそうです。商品を持ち、同じように通路を歩いていても、ある人はすごく売れて、ある人はたいして売れない。売れる人は、弁当なども飛ぶように売れます。それは、売る人の意識の量が多いからです。

視線を広い範囲に向け、気づきを多くする。準備をよくしておいて、手早くやるのも、意識の量が多いということです。

意識の量を増やすこと自体が、社会人としては重要です。

意識の量が多ければ、どんな仕事をしても大丈夫だからです。

ボーッとしているだけの人は、意識の量が少ない。

一般の人の意識の量はほどほどですが、少し難しい内容のことを4つ覚えてくださいと言うと、たいていの人はひとつ落とします。4つすべてを言える人のほうが少ない。それくらい、意識の量とは微妙なものです。

できることを技にして自動化する

意識が面白いのは、「自分は今どのくらいの意識の量でいるんだろう」と気にするだけで、意識が高まっていくということ。意識をすることで意識が高まるのです。

自分自身の意識を高めるためには、「紙に書く」のが一番です。目標を紙に書いて貼る。それも実現不可能な目標ではなく、可能な範囲の目標を書くのです。

スポーツ選手もよく紙に書きます。

紙に書くことには想像以上の威力があって、目の前に貼ってあると、それだけで意識が目覚めていくのですね。**意識すると、すぐに意識は目覚める。**対人関係でも、相手に意識を降り注ぐと、相手の意識が高くなるのです。

意識の量をだんだん増やしていくと、排気量の大きな車のようになっていきます。話しながらもいろいろな人の意識と関われるようになる。

たとえば、レストランでアルバイトをしている人でも、あっちのテーブルで食器を下げて、こっちのテーブルに水を出してと、いろいろ気がついて動ける人は意識の量が多いのです。

レストランのアルバイトは、気が利くか利かないかが、はっきり表れます。アルバイトも意識の量を増やす訓練だと思えば、非常に意味があります。

しかし、単に時給をもらうためだと考えているなら、もったいない。それなら少々懐がさびしくなっても勉強に集中したほうがいいんです。

すべてにおいて「自分は今、何の訓練をしているのか」と、とらえてください。

野球部のメンバーなら、補欠でも構わないんですよ。レギュラーで意識の低い人間より、補欠でいろいろなことに気づき、様々な工夫をして、でも結局レギュラーにはなれなかった人間のほうが、意識の量を増やす観点から見れば、意味があります。

社会人ならば、意識の量を増やすために「これができるなら、こっちをもう一個増やしてみよう」「これができたら、同時にこれもできるようにしよう」と、様々な形で自分に課題を与えるといいと思います。

意識の量を増やすために必要なことは、自動化していくことです。意識しなくてもできるように訓練する。何度も何度も言って、100回くらい言うと意識しなくてもできるようになります。

たとえば、自転車に乗りながら、アイスクリームを食べ、友達と話すことは、誰でもできるでしょう。しかし、自転車に乗ることが自動化していない段階の人がそれをやると、ひどい目に遭います。完全に自動化しているから、アイスクリームも、おしゃべりも一緒にできるわけです。

では、同じおしゃべりの内容を英語でしゃべれと言われたらどうですか。ガシャガシャガッシャン、電柱にぶつかることになるでしょう。しかし、英語が自動化している人ならそれは簡単にできます。

意識の量を増やすというのは、今ある意識を新しいことの習得と自動化に使うこと。

自動化と言っても、ほんの少しの意識です。

そして、少しの意識でほとんどのことをできるように配分するのです。

そうすると、意識の量が広がっていきます。**意識をしっかり持って、新しいことを、反復によって習得し、自動化していく。**それができないと、意識の量は増えません。

知識を死蔵させるな

大学生は教授の話を聞きながら、さらさらとメモを取ります。これも自動化しているからできることです。中学生くらいだと、板書を写すことはできてもメモは取れません。自動化していないからです。

これは、小学校1年生から練習しなければダメです。板書を写すというのが教育のメインになっているようですが、それでは十分ではありません。

それよりも、先生がしゃべる言葉を、要点をかいつまんで、自分でパッパとノートに取るほうが重要です。ノートを取ったら、そのノートを見て先生がしゃべったように反復する。次に、ノートを見ないで言えるようにする。そうすれば、知識は身につきます。アクティブな学び方が重要なのです。

「消極的な知識」と「積極的な知識」という概念があります。

私たちの中には、英語の知識が実は相当入っています。しかし、消極的な知識に属しているものが多く、パッと言われても出てきません。引き出しの中に入り込んで、どこに行ったかわからなくなっている状態です。

たとえば、毎日料理をしている人は、常に道具を目の前に並べています。包丁もよく研いですぐに使えるようになっている。そうなっているものが、積極的な知識です。

もちろん、全部を積極的な知識にしておくのは大変なので、必要なときに取り出す練習をしなければならない。それができなければ、その知識は死蔵です。

ところで、今の話に出た「死蔵」という字を書けるでしょうか。日本語は、聞いているときに頭の中に漢字がフラッシュしないと聞き取れません。

語彙が少ないのは致命的です。**語彙が少ない人には、素読が有効です。**10回くらい声に出して読めば、「死蔵」は積極的知識になる。普段からパッと出てくる言葉にしておくのです。

語彙を繰り返し使うと積極的知識となり、自由に使えるようになります。

たとえば、「楽観的、悲観的」という言葉がありますね。英語なら「optimistic, pessimistic」です。

小学校5、6年生なら「それはあまりに楽観的すぎるんじゃないかな」とか、中学生なら「too optimistic」「too pessimistic」という感じで使えるように練習する。そうすると、ボキャブラリーが増えていきます。

社会人として理解力、コミュニケーション力を高めるには、語彙を増やすことが重要です。語彙を積極的に活用し、何度も使うようにします。

時間を限定して、新しい語彙を使ってしゃべるのは、効果的です。どんどんしゃべって、知識をクリエイティブに身につけられるように、スポーツのコーチのようにストップウォッチで測りながら話をするのです。

周りを見ることができれば「気が利く人」になれる

気が利かない人というのはたくさんいます。

若干ボーッとしているのは、経験知が足りないために予測ができていないから、ということでもある。動きを予測する習慣のある人は、次の動きが読めています。

相手が望んでいることを察知して動くのが、気が利くということです。

私が授業で望んでいることは、学生が問いに対して瞬時に「はい、はい、はいっ！」と手を挙げて、美しい花が咲くようにパッパッパッと発表することです。どの人にも立派な社会人になってもらいたいので、「気が利く」ことを具体的に実践し、相手の動きを予測して動けるようになってほしいと思っています。「予測力＋動ける体」が基本です。

気を利かせるために必要なことはいろいろあります。

まず、周りを見渡すこと。サッカーで言う「ルックアップ」です。**とりあえず全体を見渡す。次に、何が起きるか予測して行動します。**

言っていることは簡単ですが、実はできない人がほとんどです。

たとえば千利休は「利休七則」として、お茶の基本の心構えであるおもてなしについて、７つの心得を次のように記しています。

「茶は服のように点て」「炭は湯の沸くように置き」「花は野にあるように生け」「夏は涼しく冬暖かに」「刻限は早めに」「降らずとも雨の用意」「相客に心せよ」

するとある人が「どれも当たり前ではないか」と言ったそうです。一見、簡単そうなことばかりだったからでしょう。しかし、利休の答えは次のようなものでした。

「完全にできる人がいたら、私はその方の弟子になりましょう」

すべてできなければ無意味である。知っているか知らないかというのは、意味がないというわけです。

私の言葉は「知識」として受け取るのではなく、「技の伝授」だと思って聞いてください。**「知っている」ではなく、「できる」ことが重要です。**

気が利くというのは、雑談ができるということでもあります。

たとえばテレビ番組のロケなどでは、同じロケバスで一緒になった人がまったく話をしないと、とても疲れます。

ジャニーズの人たちは訓練がよくできているのか、ちゃんと挨拶ができるし、雑談もできるんです。初めて会ったV６のメンバーと４時間も同じロケバスにいたことがありますが、いろいろな話をして盛り上げてくれました。

雑談というのは、相手に上手に気を利かせているということです。

雑談がストレスになる人は、気が利かない人です。社会人としての能力がちょっと低い。対人関係能力が低いということになります。

誰とでも、どんな恋愛をしていても、外国人とでも、話し続けられる能力を持っていてください。

第5章

世界で闘う力

大事なのは積極的コミュニケーション能力

グローバル化が叫ばれている昨今、世界中のどこに行っても活躍できる力が必要です。では、そのために必要な力とは何だと思いますか。

みんながみんな、グローバルになったほうがいいのかはわかりませんが、今の時代にはある程度必要なことでしょう。

日本は輸出などを盛んにして、ここまで成長してきました。明治維新も、当時最先端の政治システムや経済システムを導入し、グローバル化したから成功したのです。

グローバルな力としてまず大事なのは、自分の考えを手短にまとめて母国語で発表できるようになること。母国語でできないことは、英語でも難しいですからね。

発表とは、意思をはっきりさせることです。そして、はっきりさせた内容を15秒くらいにまとめて話す力をつけましょう。それを人前で積極的にやっていく。簡単に言えば、積極的コミュニケーション能力です。

今の20代の人はコミュニケーション能力はあっても、総じて消極的です。そう思うと、むしろ中高生の間に、プレゼン能力を鍛えなければいけません。

この他に必要な力は、議論する力や現場を動かしていく力、問題解決力といったものになるでしょう。

タフなメンタリティーを作る

まず、情報を活用して自分なりの意見を持って発表する練習をします。次に、それを英語で言うとどうなるか。ただし、この先は積極的に関わらなければ伸びることができません。

たとえば長友佑都選手ならイタリア語で、ドイツに行く人はドイツ語でやる。英語に限らず異文化の中に入っていける、タフなメンタリティーを作るのです。もし長友選手がサッカー選手でなければ、イタリア語ができても意味がありませんね。

要するに、自分が何によって世界とつながるかをイメージすること。英語で外国人と友達になること自体は、難しくない。でも、そこでグローバルに活躍することができるかは、別問題です。

たとえば、石岡瑛子《えいこ》さんは衣装デザインでアカデミー賞を受賞しましたが、技術やセンスが卓越していれば彼女のように海外で活躍できます。英語力も必要ですが、

「自分はどういう角度で世界とつながるか」が大事なのです。

バングラデシュで起業した山口絵理子さん（株式会社マザーハウス代表取締役社長兼デザイナー）は、高校まで柔道ばかりを鬼のようにやっていました。

一念発起してＡＯ入試で慶應義塾大学に行き、その後「アジア 最貧国」と検索したらバングラデシュが出てきたので、すぐにバングラデシュに行ったそうです。そこで、ジュートという布を使ったバッグを作る事業を始めました。

グローバルに活躍するには、行動力やエネルギーも必要です。

長友選手を見ていても、人と関わるエネルギーがある。そういう人でないと国内からはなかなか出られないし、人と関わること自体が面倒くさくなるでしょう。

今の時代は、留学や海外赴任を喜ばなくなっている傾向があります。

私の大学の同級生は、合宿に行っても英語で寝言を言っていました。それくらい、留学や海外赴任がしたかった。そうしてキャリアアップしたいという思いが強かったのです。今の20代は、チャンスはあっても面倒だと思うのか、留学枠が空いているそうです。

もちろん国内でできることも多いので、国内トップになるという目標でも結構です。日本でトップになれば、どの分野でも世界的にかなりのレベルですからね。

しかし、やはり若い時代には、グローバルに活躍できる職業がたくさんあることや、成功例を見ておくべきでしょう。

アメリカとヨーロッパだけが海外ではないと気づけば、ベトナムやカンボジアもグローバルなものとしてとらえられます。サッカーや野球の選手以外にも、様々な形で海外に行くことができ、様々な可能性があると知るのも必要です。

新聞を読めば、グローバルに活躍する人が人物紹介欄に登場しています。海外で頑張っている日本人の記事を、線を引いて読んでみてください。

また、国境なき医師団や、グラミン銀行で有名なムハマド・ユヌスさん。彼らのことを知るだけで、自分にもできることがあるかも……と思えるでしょう。

「自分がやるべきこと、やりたいことって何だろう?」と、外に向けて可能性を開いていく。刺激を得たいというメンタリティーを育てることが大事です。

英語に関しては、ふた通りの考え方があります。

英語が必要という考え方と、母国語でしっかり意思決定できる思考力を身につければいいという考え方。

ただ、今の時代は日常的なコミュニケーションくらいは英語でできたほうがいい。

難しい議論になったとき、英語で話すのはキツイのですが、意思決定さえ間違わなければやっていけるでしょう。

サッカーで言う「戦術理解力」のようなものがあるとすれば、それは別次元の問題です。言語の問題はあっても、頭がしっかりしている人は万国共通。しっかりしていない人は、どこの国に行っても使えません。

思考力を身につけ、論理的に考えられるようにする。まずはそういう普遍的な力を、母国語で身につけるのです。

アウトプットを想定してインプットする

米原万里さんが『不実な美女か貞淑な醜女か』(新潮文庫)という過激なタイトルの本を出したことがありました。米原さんはもう亡くなりましたが、ロシア語の通訳者でエッセイスト。この過激なタイトルは、通訳の内容を指しています。

「不実な美女」とは、内容はちょっと違っても、よくわかるきれいな訳のこと。「貞淑な醜女」というのは、誠実だけれどわかりにくい訳のこと。

ある国際会議で、日本の首相が英語でスピーチをする機会がありました。そのことについて米原さんは反対の立場でした。

国際会議において母国語で話す権利が保障されたのは、20世紀になってからです。国際会議では、どこの国の人でも母国語で話していいことになっていて、同時通訳者が必ず用意されるようになった。そういう歴史があるのです。

簡単に言えば「民族自決」の歴史です。

ですから、英語が多少得意だからといって英語で話すのではなく、日本人は日本語で堂々としゃべればよい。そうでないと、民族自決に向けての20世紀の努力が無駄になる、と米原さんは言いました。

まして、英語力が微妙な人が英語でやりとりをして、「そういう意味じゃなかった」とあとから言っても遅いわけです。

別の有名な同時通訳の方も、日本語力が高い人は、むしろ通訳をつけたほうがいいと言っていました。

日本語で表現できるレベルが高いのに、無理して英語を使うことで中学生のような表現レベルになり、せっかくの内容が台なしになってしまうからです。だからこそ、特に正式な場所では、同時通訳をつけたほうがいいということでした。

まずは、母国語でしっかりした意味のあることを、手短に言う練習をしましょう。

しかし前にも言った通り、ある程度の英語力は必要です。英語を母国語としない人とも今は英語でコミュニケートする時代ですから、その場合にも必要です。

会議をしたり、議論をしたりするときは、常に自分の考えをコメントできる、質問できる、要約できるようにしておく。まずは日本語で鍛えて、それを英語でも話せるようにしておくのです。

中学生や高校生の場合は、英語でアウトプットする学習法に変えていくと、常に英語を話す訓練になります。

何度もアウトプットした単語は、すぐに出てくるようになる。それを「積極的な知識」と呼ぶなら、どこの引き出しにしまったかわからない単語は「消極的な知識」です。消極的知識は、放ったまま20年くらいたつと、全然わからなくなります。

せっかく学んだことは引き出しにしまわず、常に使える知識にする。5回、10回と使っていくと、単語でも言い回しでも、一生使えるようになります。

質問は、相手を気持ちよくさせる内容を

質問力があると、会話や議論がうまく進むのは、世界共通です。

いい質問をする人は、ピッチャーをリードするキャッチャーみたいなもの。キャッチャーに能力があると、ピッチャーの調子が上がってきますね。

キャッチャーが「こういう球を投げてくれ」と要求したところに、ピッチャーが投げる。インタビューなどでは、答えているほうが主に見えますが、実は質問者のほうが会話をリードしているのです。

「ポイントは、「これを聞けば相手が気持ちよく話してくれるだろう」という内容を中心に聞くこと。すると、会話が盛り上がります。

相手の痛いところを突く質問というのも、もちろんあります。たとえば典型的な例は、裁判の場面です。

しかし、普通の社会人でそれをしなければならない場面は多くありません。それよりも、相手を気持ちよくさせ、気持ちよく話してもらうための質問を考えるのです。

質問力のトレーニング法は、質問したい事柄をメモすること。人と話すときには、ノートなどに思いついた質問をさっと書いておく。そうすると常に質問を考える癖がつきます。3つくらい書き留めたら、その中で一番いいものを文脈に合わせて聞き直すのです。

私も、対談などをするときは、質問をメモしながら話を聞いています。自分が聞きたいだけでは自己中心的になってしまい、あまり面白くない質問になる可能性もあります。

目安は、答えを聞いてどうしたいのかわからないような質問はしないこと。自分中心というよりは、相手にとって重要なことを聞いていくことが基本です。

質問力を意識してテレビを見ると、「このインタビュアーは下手だな」とか「この人はよく勉強しているな」ということもわかります。

イチロー選手などはインタビュアーを選んでいますね。同じような質問を何度も聞かれるとがっかりするからでしょう。相手を研究すればするほどいい質問ができるので、しっかり勉強することも重要です。

ある程度の知識を踏まえて質問をするのが、社会人の礼儀です。

質問によって、相手を気持ちよくさせること。的確にピンポイントで問いを発し、相手との間に架け橋ができるようにしていくのが、社会人の質問力です。

上達するには、とにかく見て真似をする

ずいぶん前のことですが、街を歩いていて道を聞かれ、そのままその人の家に行く

ことになり、夕飯をごちそうになって泊まってきたことがありました。

道を聞いてきたのは、日本に来て3ヶ月のピリさんというイラン人。日本語と英語で話をしたのですが、「日本語、いつ習ったの？」と聞くと、日本に来てからだと言うのです。職安に行き、自分でアパートを借りて働いている立派な方でした。

彼はレストランで働いていたのですが、最初は皿洗いしかさせてもらえなかったそうです。しかし、皿洗いでは時給が上がらない。

ピリさんがどうしたかというと、「サラダなら作れるのではないか」と思い、同僚のサラダ作りをずっと見ていたのです。

そしてある日、仕事が終わったときに、上司に「サラダを作るから見てくれないか」と言ったんですね。日本人よりも手早くやるのがポイントだそうです。

上司に「できるし、早いね」と認められ、早速、次の日からサラダ担当になった。あとは同じようにして、担当範囲を広げたそうです。

日本語が上達した理由は、テレビなどで聞いたわからない言葉を全部ノートに取り、何度も口に出してすぐに使うからでした。

彼は私にブレイクダンスを教えてくれると言うので、少し教わりました。「どこで習ったの？」と聞いたら、「見て覚えたんだ」と言います。

ピリさんは1円も払っていないのです。語学にしてもサラダにしてもブレイクダンスにしても、見て覚えている。

このことからわかるように、ポイントは、見て真似る力「真似力」です。その土地の習俗を、とにかく真似する。

誰もが、その土地の人と仲よくなれる性格ではないかもしれません。もちろん、女性の場合は危険があるので、安易に人の家に行くのはよくないと思いますが、私が言いたいのは、土地の人の習俗を真似る力さえあれば、流れの中に入っていけるということ。

ピリさんのようにサラダを作ることができれば、彼に頼もうということになる。サラダだけでは終わらず、どんどん守備範囲が広くなって、チームに欠かせない一員になる。このプロセスは真似力に支えられています。

ピリさんのような真似力のある人は、どこの国に行っても大丈夫。こういう人が、グローバルな人材です。

彼は学校でもあまり英語を習っていないそうですが、ひと通りは話せるんですね。やはり、日本語と同じように必要に迫られて話せるようになったと言っていました。

その点、日本には英語の教材があふれるようにあります。映画一本でも、吸収しようと思えばできますが、多くの人が本気でやっていません。宝の持ち腐れですね。なぜやらないかというと、必要性を感じていないからです。ならば、どれだけ必要なものにしていくか。

学生ならば、授業の評価を英語でのアウトプット中心にする。必要に迫られれば、とにかく英語でしゃべり続けるようになるでしょう。

会社でも、英語が公用語になっているところがありますね。そういう場面に追い込まれると、人はどんどん上達していきます。

議論のコツは「クリアな論点」「冷静さ」「代案の準備」

いろいろな立場になって議論する「ディベート」は、西洋が生み出したひとつのトレーニングです。東洋では伝統的に、長老がだいたい決めますね。日本もそれほど対立的な議論を重んじてきませんでした。

なんとなく意見が一致する「阿吽の呼吸」は、私も大好きです。議論しなければ事が進まないのは面倒くさいと思っています。思っていますが、まったく議論ができないのも考えものです。

日本人は、もっと議論の練習をする必要があります。

議論とは、論理的であればいいのです。論点をクリアにすれば、どこの国のどこの人が相手でも議論できる。

ノープロブレムです。

そう考えると、議論の能力はスポーツとして身につける必要があります。

なぜスポーツかというと、日本人はやったことがないので、意識的にやらないと身につかないのです。

西洋人にとって、議論は空気を吸うようなもの。フランス人は、誰もがうるさい議論を展開できます。個性的なことを言わなければ人として認められないお国柄なので、個性的なことを言えば浮いてしまう日本とは正反対です。

どちらの国がいいかは、好き好きです。しかし、「議論をしたことがない」まま、世界に出て行くのはみっともない。ですから新しいスポーツとして考え、楽しみながら取り組んでみるのです。

ある視点からはこう見える、別の視点からはこう見える、ということを整理していくのが議論です。

それをやることで全体像が見える仕掛けがディベートです。

立場を入れ替えたら、黒と言っていたものを白と言わなければいけないルール。これも議論の力を鍛えるひとつの方法です。

議論する際には、感情的にならないのがポイントです。まずは自分が落ち着いていること。相手を尊重し、感情面を荒立てないようにすること。そして、論点をゴチャゴチャにしないこと。

論点がずれた状態で言い合ってしまうことはよくあるので、「AとBとCを分けましょう」と、交通整理をしながら進んでいく必要があります。

ファシリテーターという役割を知っていますか。

ファシリテーターとは、自分の意見は言わず、話を整理して進める進行役で、板書係を兼ねています。最近はファシリテーターの本も出ているので、興味がある人は読むといいでしょう。

一般に司会者は、「こういう意見が多く出ていますが、みなさんどうですか」とゆるやかにまとめますが、ファシリテーターはもう少し前に進めていく整理役であり、論点の設定役です。

日常的に行う会議や話し合いでも、ファシリテーターを設定してやってみるといい。ファシリテーターになった人は、「話を整理しなきゃ」と思うのでホワイトボードを用意し、そこにキーワードを書いていきます。そして、「3つの意見が出ていますが、どうしますか」と進めていくのです。

日本人は、会議のときにあまりホワイトボードを使いません。しかし、**ホワイトボードは会議の重要な道具です。意見を書いて整理していくことは、手早く会議をまとめるコツです。**

ある意見に反対する場合には、代案を持って積極的な形で提案しなければなりません。

たとえば会社の会議で、若い人の意見に「それはないんじゃないか」と言うと、「じゃあどうするのか」と必ずなります。そこで、代案を用意しておくのです。

ダメ出しばかりする上司は信用されませんし、代案を思いつかないときには、ひどいダメ出しをしないことです。

なかなか代案が出ない場合、ファシリテーターは「もうちょっといいアイデアはないでしょうか」と、みんなの考えを引き出しながらホワイトボードに列挙していきます。

「Ａ案、Ｂ案、Ｃ案が出ました。３つの中で決めましょう」と設定すると、議論の流れはスムーズにいきます。

Ａ案しかなかったとしたら、Ｂ案とＣ案も出しておくこと。結局Ａ案になったとしても B 案と C 案を検討したことになる。C 案まで検討しているうちに「こういうのもあるんじゃないの？」と新たな意見を言う人が出てくるケースもあるでしょう。

いずれにせよ、ホワイトボードに書いていくと、選択はしやすくなります。

このとき大事なのは、人と意見を分けること。力の強い人が言ったから、意見が通るのではありません。

常に前向きな形で議論を進める。相手をつぶすのではなく、現実を解決するためにアイデアを出すことです。

これこそアクティブラーニングですね。

アクティブな学力というのは、課題や問題に対して解決案を出す力です。会議で代案が出せることです。**代案を出す力こそが新しい学力であり、企業や組織でも大事な力です。**

ファシリテーターは、上司の「鶴の一声」で決まってしまわないように、ひとつひとつ確認しながら後戻りしないように進めていきます。

ホワイトボードを使うと、会議が雰囲気で進むことが少なくなります。

ホワイトボードを使っていない場合、会議が雰囲気に流されていくのですが、書いて整理していくと、場における人間の圧力が出にくくなります。

結局、議論してきた内容が生かされないで、上司の「鶴の一声」で決まると「議論する必要なかったよね」ということになります。責任をとるのは上司なので、最終的に意思決定をするのは上司でいいのですが、企業においては、そこに至るまでのアイデア出しを、みんなでしっかりやることでしょう。

上司は、最終判断をし、責任をとるために存在しています。しかし、そこに至るまでに情報が集まっていないと正しい判断はできません。

そのために会議で情報を集めて代案をたくさん出して、その上でどうだろうと考える。みんなが納得しない案では推進力がなくなるので、情報をしっかり共有した上でやっていくことです。

自分なりの価値判断を身につける

「議論」と「価値判断」は別の問題です。

人間にとって一番重要なのは、価値判断です。自分が何を考え、行動していくか、ということです。

生きていく上で大事な価値判断を養うため、江戸時代の日本では、小さな頃から

『論語』を読ませていました。

『論語』には、世の中にとってよい判断ができるようにしよう、世のため人のためになる生き方をしようと、繰り返し書かれています。「仁」や「義」や「礼」を重んずる生き方です。

「仁義礼智忠信孝悌」を知っていますか。「信じる」の「信」は、言ったことと行いを同じくするという意味です。

たとえば「信一」という名前は、「言うことと行いを一致させる生き方が一番よい」という意味でつけられています。そういう名前がついている以上、ドタキャンはしにくいものです。

タモリさんも、本名は「一義」です。「義」は「ただしい」と読みますが、義の正しさとは「人として正しいことをする」という意味です。日本人はそうやって名前をつけ続けていたのです。

『論語』の概念が、「世のため人のため」「公のものを大事にしよう」という社会を生み、安定した価値判断を作ってきました。名前においても「自己中心的な人間にならないように」と、あらかじめ抑えてあるのです。

日本にはそのような価値判断の基準があり、キリスト教の国ではキリスト教が価値判断の主軸になってきました。

世界的に見ると、倫理的な価値判断基準の基本は宗教にあります。日本人の場合は、その中心を儒教が担っていたということです。

今は『論語』の概念を持つ名前も少なくなりました。日本人は価値判断の共通基準を失っています。倫理的に無防備な状態であることが、心を折れやすくしている原因のひとつでしょう。

ある程度の基軸を持ったほうが、価値観がしっかりし、社会人として信用され、楽に生きられるのです。

ですから、「己の欲せざるところは人に施す勿れ」など、いくつかの『論語』の言葉を共有し、自分の身に入れてほしいと思っています。

第6章

「妥協」を「納得」に変える交渉力

交渉に必要な3つのこと

社会人にとりわけ必要な力、それは、交渉力です。

「ハーバード流交渉術」を学び、ハーバードのロースクールを出た国際弁護士の射《い》手矢好雄《てやよしお》さんと、交渉力の本（『うまくいく人はいつも交渉上手』講談社＋α文庫）を出したことがあります。

交渉力とは何でしょうか？

たとえば裁判で白黒つけなければならないときの交渉は、勝つか負けるかの勝負になります。しかし、白黒つけるだけが世の中の交渉ごとではありません。いかにして、相手との「ウィン＝ウィン」な合意に向かうか。

交渉とは、相手を負かして自分が優位に立てばいいという短絡的なものではなく、関係を良好に結ぶための技術です。

そう考えれば、親子の間でも、恋人同士でも、結婚相手を選ぶときにも、就職するときにも、仕事においても、すべてに交渉力が必要になります。

射手矢さんは、**「交渉とは、人生をもっとラクに、気持ちよく生きるための考え方。**

交渉力は人生を豊かにします」と言います。彼に、交渉力のカギを握るいくつかのことを教えてもらったのですが、特に大事なのは次の3つでした。

・利益
・オプション
・BATNA《バトナ》(Best Alternative To a Negotiated Agreement)

まず「利益」とは、お互いにとっての利益が何かを突き合わせることです。
その交渉によって、どんな利益が得られるのか。利益を最大限にすることが交渉の最も大事なこと。しかし自分の利益について、意外と理解していない人も多いのです。

たとえば、車を売りたい人と買いたい人がいたとします。

売りたい人にとっては「いい車を提供して売り上げを伸ばしたい」ということが利益になり、買いたい人にとっては、「自分の満足いく車を手に入れたい」ということが利益になります。「利益＝お金」という単純なことではありません。

車を買う人は、何のために必要だと考えているのでしょうか。

たとえば「家族でドライブ旅行に行きたい」という理由なら、車を買うことで家族みんなが楽しめるようになり、思い出が増え、絆が深くなって幸せにつながります。

つまり、利益を考えるのは「自分にとっていちばん大事なことは何か」を整理して考えることなのです。

同時に相手の利益（＝大事にしていること）は何かも考えます。お互いの求めているものを満たすような結論に向かっていくのが、交渉の基本です。

そして「お互いにとって得になる交渉だった」と双方が満足するのが、交渉力です。

次に「オプション」とは、選択肢を増やしたり、プラスアルファのおまけをつけること。利益を実現するための、「うちではこんなこともできますよ」という提案です。

旅行会社のツアーでも「オプションでついています」というものがありますね。ひとりでは行きにくい歴史的名所の日帰りツアーや、その土地でしかできないアクティビティーなど、オプション（選択肢）がバラエティーに富んでいればいるほど、旅行客は自分の理想とする旅に近づくことができます。

相手が何を好条件と受け止めるかは様々なので、オプションは複数用意しておいたほうがいいでしょう。相手が、自分の用意したオプションを選べば、交渉は「合意」に持ち込みやすくなります。

いずれにしても大事なのは、お互いにとっての「利益」は何かを考えて洗い出す作業です。考えられ得る利益をすべて書き出し、その中でいちばん大事なことは何かを、まず考える。

そして、その次に大事なのは何かを考えていき、順位をつける。それらを実現するためにはどんな「オプション」があるのか、シミュレーションをして客観的に考えていくことです。

常に代替案の「BATNA」を持て

「BATNA」は、Best Alternative To a Negotiated Agreement の頭文字をとった略語で、ベストなオルタナティブ、代替案のことです。

どんなに努力しても交渉が決裂し、目標に辿り着くことができないときもあります。そんなとき、自分の心の中に「でも大丈夫。**この交渉はうまくいかなかったけれど、他にこの道がある」というものを用意しておく。これがBATNAです。**

「すべり止め」と言ってもいいです。ダメだった場合にも別の手があると思えば、交渉をある程度優位に進められるし、心理的なプレッシャーを受けにくくなり、リラックスしてその場に臨めます。

逆にBATNAを持っていない場合は、相手の思うままに合意してしまうことになるでしょう。

合意の決め手は、BATNAよりも内容がいいこと。

冷静に考えて「BATNAのほうが条件がいい」と思う場合には、その相手との交渉はやめなさいということです。

交渉は、仕事だけではなく、生活のあらゆる場面で必要になる力だと言いました。

たとえば私の学生時代、合宿に行くと、厨房でおばちゃんと顔見知りになって、夕食のメニューを予定よりも一品多く出てくるようにした友達がいました。彼は何年かのちに、外国人の顧客から多額のお金を預けてもらう仕事をするようになりました。

つまり、どんな場面でも同じなのです。

おばちゃんと仲よくなって、夕食を一品多くもらうくらいの機動力。仲よくなって、「自分はこれを差し出すから、こちらをお願いしますね」というやり取りをして、融通を利かせていくタフな交渉力を、彼は持っているわけです。

今の日本では、「お箸をもう一膳つけて」とか「ソースをもうひとつ、つけて」と言っても「決まりだからダメ」と断られることが多く、融通が利きにくい社会になっています。

もっと交渉力を身につけ、「融通力」を高めていくことが、社会人として大切です。

材料と「BATNA」があれば、交渉はうまくいく

交渉の場では、こちらが何を出せるかが重要です。自分たちのほうに出せる材料がないと、交渉にはなりません。

交渉の材料は、労力であったり、情報であったり、資金力であったり、人脈を使った協力であったり、場面によって様々です。「この人に話をつけておくから、行ってみたらいいよ」と、人を紹介することも財産になります。

何が自分の交渉材料としてあるのかを理解し、その材料を持って交渉に臨むこと。

プラス「BATNA」、交渉がうまくいかなかったときの、別の選択肢を持つことが必須です。

BATNAというのは、自分で認識しておくことが非常に大事です。

BATNAがあるかないか自分自身がわかっていないと、「今のままでいいのではないか」とずるずる引き延ばし、時間とチャンスを失うことになります。そうならないため、自分の中のBATNAをはっきりさせておくことです。

かつての日本人は、どうにもならなくなると、玉砕しました。武士社会では、不祥事があれば切腹、ということが当たり前にあったのです。

切腹するということは、ほぼ交渉の余地がない状態ですが、現代ではそういうことはありません。だから、BATNAを準備しておくのです。

身近な例を挙げてみましょう。

結婚相手を本気で探すとき。自分は収入も多くはないし、ルックスも特別いいわけではない。だから「相手にも贅沢は言っていられないな」と思ったとします。そのことを認識したとき、結婚するという目標を第一にして、今まで高めに置いていた基準をゆるめようとなるわけです。

すると、BATNAが見えてきます。「この人でなければダメ」というのではなく、別の可能性が見えてくるのが、BATNAという考え方です。

BATNAを意識すると、行動がはっきりします。「自分には、もうあとがない。あとがないのであれば、基準を下げるしかない」ということがわかってくるからです。

これは、他のことにも当てはまります。

「あとがないなら、低いギャラでもこの仕事を受けるしかない」。こんな交渉の引き受け方もあります。

たとえば、芸人さんにとってテレビ出演は大きなチャンスです。だから、名前が売れるまでは出演できるだけでいい。自分に力がついてきたときに少しずつギャラを上げていく、ということでやっていくのです。

「自分には断るという選択肢がない」とモヤモヤ悩んだときにも、「BATNAがないのだから引き受けるしかないな」と、シンプルに考えればいいわけです。

交渉というのは他人のためだけではなく、自分の気持ちを整理するためにも意味があります。**交渉上手になることは、ストレスを減らすことにもなっていく**のですね。

難しい状況も、考え方ひとつで変わっていきます。

「妥協」ではなく「納得」と考える

「妥協」という言葉をネガティブだと思いますか？　それとも、ポジティブだと思いますか？

私が聞いた範囲では、妥協をポジティブだと思う人は、ほとんどいませんでした。

私は「妥協をポジティブにとらえる」ことに決めました。

どういうことかというと、現実的な問題はほとんどすべてが妥協だからです。妥協をネガティブだと思うと、私たちの生活のほとんどがマイナスになってしまいます。妥協せずに何かをやり遂げる人など、ひとりもいません。もちろん、大きく言うために「これだけは妥協しない」などと言いますよ。しかし、現実には様々な折り合いをつけてやっていかなければ、前には進めないのです。

ノーベル賞を受賞した山中伸弥先生は、iPS細胞を発見するまで研究資金を集めるために、マラソンをすることで募金を呼びかけてきたといいます。そこまでして研究をしている。

もっとお金があればいろいろなことが自由にできますが、諸条件の中で妥協しながらやっているのが、現実的なプロの仕事です。

「妥協しない」と言っている人に限って、社会経験が未熟なケースが多いのです。社会経験が豊富な人は、適切な妥協の重要性をわかっています。すべてが妥協の上で成り立っている。

妥協と言うと「しょうがないな」と思うからマイナスな気分になりますが、結局「そこで折り合った」ということ。妥協点を見つけられて、お互いに納得したということです。

「納得」と言うと、急にポジティブな気持ちになりませんか？

妥協と言うとダメな感じがするなら、納得と言えばいい。「妥協点を見つける」は「納得点を見つける」と言い換えればいいのです。

妥協というのは、自分が現実に折り合いをつけていくこと。あるいは、**自分自身で納得できる点を見つけていくこと。**仕方ないという意味ではなく、納得したということです。

理想は持っていていいのですが、常に理想と現実の距離をはかりながら、現実を重んじることが大事です。

結婚も仕事も、理想ばかりを追っても仕方がありません。目の前にある現実に対処しつつ、その中に理想を少しずつ入れ込んでいく。そのほうが、成功に近づきます。

成功すると、自由が与えられます。収入が増えたり、認められて仕事の可能性が広がっていったりする自由です。自由が与えられると、また少し面白いことができます。

失敗すると、その権利は少し減る。また現実的になる。

そういうことを繰り返して、徐々に人間としての格を上げていく。

人生とはそういうものです。自由を獲得するためには、ある程度、現実に対応する力が重要なのです。

まずは「妥協」という言葉のマイナスイメージを払拭し、自分自身が現実と折り合いをつけて納得するところで、相手との交渉に臨みましょう。

「まあいい」の真意は「それはダメだ」

交渉で大事なのは、相手の意図や感情を汲み取ることです。

人間というのは、感情面に非常に左右される生きものです。「相手の感情がマイナスに動いたな」とか、「今プラスに来たな」ということに気づく必要があります。

つまり、常に相手の感情をとらえるセンサーを持っていなければなりません。

男女のつきあいでも、「今、彼女がこっちに傾いてきたな」とか「今、離れていってるな」ということは、言葉や行動ひとつで感じることができます。

しかし、読み取りセンサーが鈍くて、人の感情の機微がわからない人もいます。こういう人は、交渉どころか人間関係のやり取りに向いていません。

ただし、鈍い人でも練習次第で感情は読み取れるようになります。

たとえば、自分のジョークに相手が本気で笑ってくれたら、針がプラスにふれたということ。愛想笑いをしたり無反応だった場合は、マイナスにふれているのです。そのときは「この種のジョークは、この人にはダメなのだ」と理解しましょう。

単純な話、相手によってジョークの種類も違ってくるわけです。そういう経験をいくつも重ねて学んでいくと、だんだんとセンサーが敏感になってきます。

ただ、間違えてはいけないのは、日本人の場合、交渉で相手が「まあいい」と言ったときには、言葉通りに受け取らないこと。「まあいい」という程度の答えの真意は「ダメなのだ」と思ったほうがいいでしょう。

日本人はダメだと思っても、本当にダメとはなかなか言いません。「けっこういいね」くらいなら、代案を考えたほうがいいのです。

日本では、アンケートを「とてもよい」「まあよい」「普通」「あまりよくない」「とてもよくない」の5段階評価でとると、「普通」が多くなる傾向があります。

この結果からもわかるように、「普通＝ダメな部類」ととらえたほうがいい。授業のアンケートで、「教員が熱意を持って授業をしているか」と聞いたとき、「普通」という学生が多かったとしますね。それはもう教師に情熱がないということです。

明治大学でもこのようなアンケートをとっていますが、「悪い」「よくない」というところにマルをつける学生は意外に少ないんです。

だから私自身は「とてもよい」以外は、無得点だと受け止めるようにしています。授業への情熱という項目の5段階評価では、私の場合95パーセントの学生が「とてもよい」と答えています。それは、情熱が学生に受け入れられたということですよね。

本当にいいと思ったときだけ、人は「とてもよい」にマルをします。

相手の言葉をうわべだけでとらえて感情を読み間違えると、交渉は先に進めません。

「まあいいですね」と言われたときには、「これでは十分ではないのだ」と思うこと。

そして、次に交渉をするときに工夫を加えていくことです。


相手の気持ちが交渉から離れてしまいそうなときには、オプションをつけていきます。「選択肢としてこれもありますよ」と、相手に示すことが大切です。


感情を理解することは重要ですが、相手の感情に全部つきあってしまうと、こちらの気持ちが落ちてしまうこともあります。

ですから相手の感情を察知しつつも、決して飲み込まれないようにする。

どんなときにもアイデアをプラスして出し、相手の気持ちをちょっと上向きにする工夫をしていくと、前向きな交渉ができるでしょう。


何よりも大事なのは、交渉の経験をたくさん積むことです。

場数を踏んでいる人は、アイデアも湧いてきやすいし、余裕も生まれます。


交渉上手になる一番の方法は、交渉経験を多く持つことです。

たとえば、女性とのつきあいでも、経験豊富な人はすぐに相手と食事の約束を取りつけられます。しかし、慣れていない人は、なかなかできませんね。慣れている人ほどスムーズにできるという法則があるのです。

なぜなら経験豊富な人は、相手との交渉において「こうすればいいんだな」ということを知っているからです。

「すごくおいしい店があるから、ちょっと行ってみようよ」と気軽に誘えば、多くの女性は「じゃあ行ってみようか」となります。しかしこの程度の交渉でも、経験のない人にとっては、なかなかハードルが高いものです。

女性を食事に誘うときには、自分が全部支払えるよう資金の準備をしましょう。そうすれば、相手との関係が悪くなることはありません。

でも、交渉に慣れていないと、その準備もしない人がいるわけですね。誘っておいて、その上たいした店でもなく、割り勘にさせられて、それが初デートだった。そうなると、その男性の評判は、女性の間でガタ落ちです。

どんな場でもコミュニケーションできる能力を

合コンや婚活は、交渉力を鍛えるためにとてもよい練習になります。これから、交渉力を使った婚活シミュレーションをやってみます。

昔から結婚に当たって一番重要なのは、「気立てがいい」ことでした。実に曖昧ですが、今の20代の人は、私から見ればとても気立てがいいです。

男性が本気で結婚しようとするなら、「包容力」や「柔軟性」や「社会性」が問われます。社会性というのは、収入を含めた社会性です。「情緒が安定している」ことも重要です。

私の知り合いには、その一点だけで結婚相手を選んだ女性がいて見事でした。相手の男性も知っていますが、確かに見た目では選んでいません。でも、情緒がとても安定しているのです。その夫婦は、完全にうまくいっています。

合コンや婚活では何が大事かというと、相手のよいところに気づくこと。

本気で人と向き合うためには心の柔軟性が必要で、雑談力やコミュニケーション力が重要です。家庭はコミュニケーションする場所ですからね。様々な折り合いの中でやっていくということです。

まず、男女3人ずつ組んで6人のグループを作りましょう。言っておきますが、本気でつきあったり結婚したりするわけではないので、リラックスしてください。

大事なのは、どんな場でもちゃんとコミュニケーションができること。

モテようとするのではなく、コミュニケーションの流れを的確にとらえて批評できる力を養います。3対3で自由に会話をして、途中で席替えするのもありです。

最後に必ず、女性がひとりの男性を選ぶことにしましょう。

評価の基準から、外見は外すこと。表情は大事ですが、顔やファッションなど、見た目で選ばないでください。人間性やコミュニケーション能力を見るのです。

選んだからには理由を語れなければダメです。「こういう基準で、このような印象を持ちました」と語ってください。

はじめに、6人で話をします。6人グループでの会話だと、一人ひとりの判別が難しいので、次にふたり一組で話して、相手を変えていく方法にします。

元々コミュニケーションがうまい人もいますが、そうでなくてもいいんです。会社でも、ぺらぺらしゃべる人ばかりがいいとは限りません。静かで誠実なタイプがいい場合もある。評価の基準は人それぞれです。

交渉で見えるのは「現実」

この種のゲームで大事なのは、「気づき」です。私達は人を判断するとき、何に基づいて判断しているのか。選ばれることが目的ではありません。

女性がひとりずつ「○○さん」と名前を挙げ、理由を明確に述べていきます。「自分はガラスのハートだから、こんなことは耐えられない」と思う人がいるかもしれませんが、くれぐれも人格を否定されたと思わないように。

私たちは、外見で人を判断する時代に生きています。だから、みんなが外見を磨くようになってしまいました。

そうではなく、内面を評価する目を養っていただきたい。そうしないと、中身を伸ばしていく気にはならないでしょう?

外見以外のあらゆるところを見てください。

「笑顔がいい」というのは、外見のことではありません。順番にコメントを言ったら、拍手をしてすぐ忘れること。必要以上に自意識を持たないことです。

福澤諭吉が『学問のすゝめ』の中で、最後に言った言葉を知っていますか。冒頭の「天は人の上に人を造らず、人の下に人を造らずと云《い》へり」が有名ですが、最後の言葉も覚えてほしい、いい言葉です。

「人にして人を毛嫌いするなかれ」

人を頭から嫌うな、ということですね。

福澤諭吉はやはり気が利いたことを言います。
この合コンゲームをやると、こんな「気づき」がよくあります。

「ハキハキしゃべったほうが、会話が盛り上がる」
「相手の目を見て話すことが大事」
「○○さんは人の話を本当に楽しそうに聞くので、見習いたい」
「初対面の人と話すときのために、自分の引き出しをたくさん持っておくのが大事」

会話の仕方についての「気づき」が、多いのです。結婚生活は長い。雑談するのが家族の仕事ですから、話をして、楽しい人がいい、ということです。

ある所ではもう少し踏み込んで、「この相手と結婚できるか」という交渉ゲームをやったことがあります。男女10組、無作為でペアを作りました。そして、「利益」と「オプション」を整理し、この相手との結婚に「合意」できるかどうかを考えてもらったのです。

最終的に「どうする？　結婚に合意できる？」と結論を出してもらったら、なんと10組中8組がＯＫで、「この相手とはできない」と言ったのは2組だけでした。もちろん皆が本当に結婚するわけではありませんが、驚きの結果です。

恋愛でつきあう相手として考えるときとは、明らかに違います。

「この人を恋人にできるかどうか」となると、感情的なものが前面に出て「こうでなきゃ嫌」となりますが、結婚となると現実的になり「許容範囲かな。この人はオプションとしてこれを提示してくれるならいいじゃないか」と思うんですね。

自分の利益についても、「家族を大事にしたい」とか「仕事ができることが重要」とか「ある程度金銭的余裕がほしい」など、具体的なイメージが湧くようです。

そして、「この人ならまじめに働きそうだし、生活が想像できて、生涯の伴侶としてありだな」と、OKになる。自分の結婚にとって一番大事なのは何かを考えて、相手と向き合う。

このあとには「結婚で自分が望むことを、これほど具体的に考えたことはなかった」という感想がたくさんありましたが、話しているうちにはっきりしてくるんですね。

「お金はあったほうがいいと思っていたけれど、自分はやたら贅沢したいわけではない」とか「精神的な安定や安らげる家庭が大事だ」「ふたりで仕事をして、一緒に成長していきたい」とか、現実に目覚めていくのです。

まさにこれが、交渉の力です。

第７章

経験知を共有するチーム力

全員がリーダーの自覚を持つ

1970年代のサッカーのスターにヨハン・クライフという人がいます。オランダのリヌス・ミケルス監督のもとで「トータルフットボール」を体現してきた選手です。トータルフットボールとは、ディフェンダーが守りフォワードが攻撃するのではなく、「全員で守り全員で攻める」という考え方です。

ボールを持っている人間がリーダーとなって動く。リーダーがボールを持つのではなく、ボールを持っている人間がリーダーになり、全員がそれに合わせて動いていくのです。

すると、ディフェンスの人間でも攻撃の起点になることができる。フォワードの人間でも守り手になれる。FCバルセロナは、そういう哲学でクライフが作り上げたチームであり、現在も世界のサッカーをリードしています。

全員がリーダーの自覚を持っているチームは強い。なぜなら、人任せにしないからです。

選手は「**自分はここだけやればいい**」と狭く考えるのではなく、**全員が状況理解を**

し、それぞれが判断力を持って動くことができるからです。

サッカーに限らず、全員がリーダーの自覚を持つチームは強くなります。

会社の場合は、上司に聞かなければならないこともありますが、リーダーの自覚を持っている人は、必要なときにはすぐに上司に連絡し、その場で答えることができる。当事者意識がとても強いのです。

その上、今の時代は携帯電話があるので、スピーディーに仕事を進めることができます。

ところが、その場で決められずに「一度持ち帰って上司に聞いてみないと……」と言う人も、結構いるんですね。そうなるとスピード感が落ちて「仕事がはかどらないなあ」という雰囲気になってしまいます。

ここで大事なのは、「自分が意思決定できる範囲はどこで、そうでない部分はどこなのか」を理解していること。 意思決定すべきでないところまで勝手に決めてしまうと、それはそれで大変なことになります。

チームで仕事をしていくときには、一人ひとりが「状況を理解できていること」「自分が意思決定していい部分とそうではない部分が見えている」ことが重要です。

私も、前例がわからず判断に迷うときは、大学の事務室に電話をして「このケースはどうでしたか？」と調べてもらい、「10分後にもう一度電話します」と言って進めることが結構あります。

このやり方は、たいていの組織で通用するのではないでしょうか。電話をする10分後までに、判断材料をそろえればいいのです。

そういう段取りをしっかりやっていくと、意思決定のネットワークができ上がり、組織全体が血の巡りがよい感じになります。

何をしたらいいか、問題意識が共有できている。それが、全員がリーダーであるということ。当事者意識を持つということは、チーム力の基本です。

ラグビー日本代表選手は立派な社会人

「ベストチーム・オブ・ザ・イヤー」という、優れた実績を生んだチームを評価する賞があって、私は審査委員長を務めています。

ここでの評価のポイントは、全員が役割を担い、専門性を持ち、個人以上の力を出しているかということ。今まで、東京オリンピック招致チームや、東京スカイツリーを作ったチームを表彰してきましたが、２０１５年度はラグビー日本代表チームが大賞を受賞しました。

授賞式のインタビューで、歴史的快挙だったワールドカップ南アフリカ戦の試合終了直前、キックを選択すれば同点になろうかというとき、監督は「キックを選択しろ」と言っていたのだと聞きました。

ところが、選手は監督の指令にうなずかなかったのです。

「なんとしても勝ちきらないと、歴史は変わらない。だからトライを取りにいく」と、選手たちは賭けに出た。そしてトライを取ってキックを決め、見事に逆転しました。選手たちのこの判断は、組織として普通の意味でいい形かどうかはわかりません。しかし、それだけ現場が意思決定力を持っていた。

今回のラグビー日本代表は、キャプテンを中心に選手が意思決定のできる組織だったから、世界で戦えたのです。

監督の言うことをすべて聞き、監督の言うままにやっていく集団であれば、そもそも勝つことはできなかったでしょう。

ヘッドコーチのエディー・ジョーンズさんの目標は、メンバーがそれぞれ自律的であることでしたから、エディーさんの目標が達成されたということです。

ラグビー日本代表選手は、話してみると誰もがとてもしっかりしています。スポーツ選手というよりは社会人。会社に所属して仕事をしているということもあり、よくできる社会人と話している感覚になります。

　ワールドカップ後には、様々な雑誌で五郎丸歩選手などのインタビューを読みましたが、やはりスポーツだけをやってきた人にはない、社会人らしさを感じました。判断力を持って試合に出場し、自分たちで決めていくことにも慣れているのです。

　ラグビー日本代表には、社会人のチーム力がある。今はラグビーに風が吹いているので、みなさんも注目してみてください。

　社会人でありながらラグビーをやっているから、これほど大人なのだ、とわかるチームです。勝利できてよかったと思いました。

チームだからこそ経験知を共有する

　誰が表に立っても、なんとか仕事をこなすことができるのが、優れたチームです。そのためには、ある程度の経験知をみんなで共有する必要があります。

　私の職場にも、今年、新しい教員が入ってきました。

　入ってきたばかりの人は、状況がよくわかっていません。だから「今までのトラブルには、こんなケースやあんなケースがありました。それに対してはこういう対処をしてきました」と詳しく説明をしています。

そうすると新しい教員でも、学生からの苦情や保護者との関係など、様々なトラブルに遭遇しても、慌てることがなくなるのです。

今の大学はサービス機関になっているので、教員にも細やかな対応が求められ、高校の教師のようになってきています。クラス担任があり、トラブルに対して学生に直接電話をかけることもある。私も「こういう書類が出ていないんだけど」などと、連絡することがたびたびあります。

私が大学生の頃には、考えられなかったことです。

新人研修ではケーススタディをして、トラブルについて丁寧に学んでもらいます。おかげで1年もたたないうちに、即戦力として対処できるようになります。

チームの強さというのは、トラブルに対応できる力です。

普段うまくいっているときは、それほどチーム力は問われませんが、トラブルがあったときどう処理するのかは、シビアに見られている。そこでチーム力が発揮されるのです。

経験知を共有することで、「こういうケースはこうすればいい」とあらかじめわか

っていれば、想定内のトラブルなので混乱も大きくなりません。

トラブル処理にはケーススタディが有効ですが、もうひとつ、われわれの職場で利用しているのが、メール会議です。メール上でトラブルを相談し、解決し合うのです。

誰かが「こんなトラブルがありました」と報告すると、経験者が「そういうことは5年前にもあって、こう対処しましたよ」と返信します。今ではこのメールが有機的につながっているので、いちいち会議を開かなくても、瞬時にトラブルが解決できるシステムになってきました。

トラブルが起きたときに隠す方向に動く組織もありますが、私の職場では全員がトラブルを隠すどころか、遠慮なく相談し合っている。経験の浅い人が、経験を重ねた人に意見を聞くことが当たり前になっています。

このようなやり取りをするうちに経験知が移動して、2年くらいたつと若い人もベテランのような高い経験値になっているのです。

平等でほめ合う空間を作る

相談し合える空間を作るためには、上下関係を作らないことです。

今までの日本の組織は、年齢が違うだけでギクシャクしていましたが、オープンで平等な空気を作ることが必要です。

これは福澤諭吉も目指していたことで、『学問のすゝめ』に書かれていることですね。みんなが遠慮することなく参加する。ひとりの独立した人格として参加する。民主的空間を作ることが大切でしょう。

私も大学で主任をしているので、新人教員が相談しやすい空間作りが大事だと思っています。気兼ねなく相談でき、わかっている人がどんどん答える場所を作りたい。

いつも感心するのは、「ヤフー知恵袋」です。

赤の他人の相談なのに、親切に答えてくれる人が必ずいますね。経験豊富な人が答えてくれたり、ちゃんとしたデータを踏まえて「個々に調べなさい」とアドバイスしたり、URLを貼りつけて教えてくれる人もいる。ベストアンサーに選ばれた回答は、「さすがだな」と思うことが書いてあったりします。

ヤフー知恵袋を見ていると、相談を受けるという形で人はつながるんだと感じますし、案外誠実な人が多いことにも感心します。経験の低い人がもがいているところに、経験値の高い人が答えているのを見ると、ネット社会の人間関係も悪くないなと思いますね。

雰囲気のいい空間を作るには、ほめ合うことも大事です。

大切なのは、ポジティブコメントをかけ合うこと。そうすることでセーフティーネットを作るのです。

空中ブランコの安全ネットみたいなもので、アグレッシブな仕事をするために、感情面においてはセーフティーネットを作る。互いにほめ合うと、ゆるやかに温かい感じになるので、相談ごとも持ちかけやすくなります。

仕事というのは、多かれ少なかれ誰もがストレスを抱えています。けれどもほめられ、認められることでふわーっとそれが溶けていく。ほめてくれる人に腹を立てるのは、難しいものです。

的確にほめられた場合は職場に対する不満や不安が減りますし、きちんと評価されているという思いにつながります。**よいチームを作るには、それぞれの評価をきちんとすることも大切です。**

ミスを責めない

私は高校野球が好きで、いつも甲子園での全試合を録画して見るようにしています。

何が好きかというと、試合が終わった瞬間、負けたチームのメンバーがミスした仲間の肩を抱き、みんなで慰めているところ。甲子園では必ず見られるシーンです。

高校野球というのはとても面白いのですが、甲子園に出場できないチームでも、フェアプレーの精神が徹底しています。どんなときもチーム内で助け合う精神が流れている。

甲子園の試合を見ていると、エラーが原因で負けるケースが多い。悪い言い方をすれば「戦犯」のような人がどの試合にもいますが、それに対して一切責めないという伝統があるのです。

「エラーは誰にでも起こることだし、そのことについてはくよくよするな。次に行こう」というのが、少年の頃から彼らがたたき込まれているメンタリティです。

普通の人なら「あそこで、あいつがエラーさえしなければなあ」という空気が出てしまいますが、チームメイトは決してそれを言いません。

理由のひとつは、自分もいつエラーをするかわからないということ。また、普段から一緒に練習をしている仲間なので、仲間の痛みはみんなで分け合うという思いもあるでしょう。

だから終わった瞬間、エラーした人の肩を抱いて、みんなで慰めるのです。

エラーが起きたとき、選手たちはどんな場合でも「チームとしてカバーするんだ！」と気持ちを切り替え、次のことに向かっていきます。

だから、失点した次の回の攻撃で点を取ることは結構多い。「あいつのエラーを帳消しにしてやろう」と、みんなの気持ちが盛り上がるからでしょう。そうなっていくチームは、チーム力があると感じます。

部活の空気は、教育の場面で必ず生きてきます。

運動部だけではなく、吹奏楽部などでもコンクールなどの重要なときに限ってミスしてしまう人がいますね。その人をみんなで慰める空気があれば、チームのみんなに支えられている安心感が生まれます。

試合で負けたとしても、人間として闘う力は強くなっていくのです。

ビジョンを明確にして言語化する

強いチームは、ビジョンがはっきりしています。

高校の部活なら「全国大会に出場する」とか、会社なら「地球規模で発想しよう」などのビジョンが掲げられています。「こういう組織を作っていこう」という思いを共有するのが、ビジョンです。

ビジョンを言葉にすることは、とても大事ですね。それは、自分たちの理想像を言葉にするということでもあります。

ラグビーのヤマハ発動機ジュビロの監督である清宮克幸さんは、早稲田大学の監督時代「スローガンをものすごく時間をかけて作った」という話をしていました。1年間徹底していくスローガンなので、考え抜くんですね。

ビジョンを言葉にして共有すると、言葉のパワーが浸透していきます。ビジョンを提案できるのがリーダーの力だと思いますし、ビジョンを共有することでチームの結束力も生まれます。

女子の綱引き日本一チームと、男性格闘家チームの綱引きの勝負を見たことがあるのですが、いかつい男性が相手だったにもかかわらず、女子チームの圧勝でした。

彼女たちは、ピンと張った線や棒のようになって息を合わせます。ひとつの生命体のようになっていくイメージが共有されると、呼吸もそろうし、動きもそろうのです。勝負は、体重や力だけではない。彼女たちの体にビジョンが浸透していて、間近で見てすごいなと思いました。

ビジョンを共有するための話し合いは非常に大事です。ピーター・M・センゲの

『学習する組織――システム思考で未来を創造する』（英治出版）という本があります。これは、組織自体が学習していかなければダメだと説いた内容です。この種の書籍では古典となっているものですが、この本にも「ビジョンの共有が大事である」と書かれています。

ビジョンやスローガンなどは、別になくてもやっていけると思うかもしれませんが、ビジョン会議を開いて「今年はどうしようか」と考えていくと、チーム内にビジョンがしっかり共有されていきます。

みんなで思いをぶつけ合い、一緒に考える時間を持つことに意味がある。

昔の会社では、飲み会でビジョンを語り合うことが普通に行われていました。だから、昭和のお父さんはなかなか真っ直ぐ帰れなかったのですね。愚痴だけではなく、仕事への思いや理想を語り合うことが多かったのです。酒が入ると気分的にも「やろう！」と盛り上がり、翌日からの士気が上がりました。

宮沢賢治の「雨ニモマケズ」には、最後に「そういうものに私はなりたい」というビジョンが書かれています。

「アラユルコトヲ

ジブンヲカンジョウニ入《い》レズニ
ヨクミキキシワカリ
ソシテワスレズ
（中略）
ミンナニデクノボートヨバレ
ホメラレモセズ
クニモサレズ」

この部分も印象的です。

「デクノボー」と書いてありますが、「よく見聞きする」のだから頭もはっきりしているし、「雨にも風にも負けない」丈夫な体を持っている。ビジョンをこれほど明確につづった詩もないでしょう。

しかも「雨ニモマケズ」は、発表された詩ではなく、亡くなったときに見つかった手帳のメモなんですね。手帳にあのようなことを書く人は、本物です。人前で発表して「聞いてくれ」という詩ではない。賢治は、誰のことも関係なくただ自分が「そういうものになりたい」と強い祈りの気持ちを持って生きていたのです。

短・中・長期の達成可能な目標を立てる

大きなビジョンの共有も大事ですが、差し当たっての目標を、短期、中期、長期と、それぞれ立てていきましょう。

短期なら「今日はこれをしよう」ということを書いていく。毎日チェックボックスを作って、チェックしながらこなしていきます。次は、1週間のまとまりで考えます。さらに、1ヶ月や1年の目標も考えておく。

1年が終わるときには、締めくくりをします。

たとえば、自分の中での「流行語ベストテン」をまとめてみる。テレビで発表される流行語はピンとこないので、自分の中のランキングを作って振り返るのはどうでしょうか。

自分の手帳で、1日、1週間、1ヶ月、1年と、目標を考えることが習慣になると、チームでも「この1週間でどうしますか」とか「この1ヶ月で」など、区切りながら目標を立てる提案ができるようになります。

手帳を手元に置いて会議をすると、期限がはっきり見えるので「この時点で必要だから、逆算するとここで決めておかないとまずい」とわかってきます。

ゴールを設定し、ゴールから逆算して目標を決めていく。

それが当たり前になってくると、実現不可能なことは話さなくなります。

もちろん、ビジョンというのはイメージなので大きくていいのですが、目標は具体的なほうがいい。このときまでにこれをするという中期・短期の目標を立て、現実がずれたら修正して組み直していくことです。

目標は、ビジョンとは別のもの。売り上げの目標など、常に具体的で実現可能なものにすることが大事です。

必ず達成可能な目標を立てていく。具体的な数値が出ると、みんなの意識を統一しやすくなります。

リーダーシップはなくてもいい

これからの時代はチーム力が問われます。すべての人がチーム作りがうまいわけではありませんが、その理由は練習をしていないからだと思います。

リーダーには、生来のリーダーシップが必要だと思うかもしれませんが、それはなくてもいい。リーダー的な雰囲気の人物がいるからよいチームが作れるとは、限りません。リーダーシップの気質を問うと、生まれつき持っている人とそうでない人が出てしまいます。

そうではなく、チーム作りを技術としてとらえるのです。

いろんな形のチーム作りがありますが、私の授業では毎回違う４人がひとつのチームを作ります。**チームになったら相互に認識し合い、名前を覚えて、チームとして機能している感覚を持つことです。**それぞれの存在を認め合うということは、その人がどういう人間なのかを知ることでもあります。

たとえば、中学生や高校生の教室では、クラスが「グループ化」してしまうことがあります。いくつかのグループができると、グループ以外の人を知ろうとしない雰囲気が生まれる。

でも、私の授業ではとにかく、４人１組の組み合わせを変え続けて、全員が全員を知り尽くしている状態を作っていきます。

仕事は、チームでやる場合がほとんどです。

たとえば４人くらいで、プロジェクトを任されることがあります。その中にはリーダーがいて、それぞれの役割を担いながらダイナミックにやっていくことになる。ダイナミックとは、状況が変化する中で、チームの意思決定をしながら進化していくということです。

部活をやってきた人ならわかると思いますが、最初はメンバーの仲がよくなかったり、コミュニケーションが密にとれなかったりすることがあります。しかし、勝ったり負けたり様々な経験をするうちにチームらしくなっていくのです。

会社のチームはそれに少し似ていますが、大人なので速攻でチームをまとめ上げなければいけません。「オレがオレが」「私が私が」と言う人だけではチームにならないし、みんなが譲り合って「どうぞどうぞ」と言うばかりでも成果が上がりません。

この人とはうまくいくけれど、この人とはうまくいかない、ということは人間だから誰でもあるでしょう。

でも、仕事でそれを言ってはダメです。誰と組んでもうまくいかなければならない。ある程度の力があり、チームとしてやっていく協調性があり、チーム作りがわかっている者同士であればうまくいきます。

チームを作る力はあるか？

今まで育ってきた小中高校時代に、チームを作る力を評価の対象にされたことがある人はあまりいないでしょう。各教科でテストを受け、評価されてきたように、チームを作る力をテストで問われた人も、いません。

つまりチーム力をつけることは、日本の教育目標にはなっていないのです。

これは、おかしいと思います。仕事においては、チームで成果を出すことが一番大事なのに、学校教育では評価対象になっていないのですから。

会社に入ると、ほとんどのことは、ひとりではやりません。必ず何人かとチームを組みます。チームの中に、感じの悪い人や自分勝手な人がいると、仕事場はストレスの温床になって他の人が参ってしまいます。これは、どこの組織にもあることです。

それに比べたら、勉強なんて簡単です。他の人がストレスになって勉強できないなんてことは、ほぼありません。勉強は基本的に個人でやるものだからです。でも、もしかしたら日本は、勉強を個人のものとして扱いすぎたのかもしれません。

日本の教育はもう少し、フリーディスカッションをして「他の人の意見を引き出せる」とか、「アイデアが出る場を運営できる」ことを評価したほうがいいでしょう。数人でディスカッションしているのを見ていると、誰がそういう力を持っているかがわかります。それを評価すればいいのです。実際、採用試験では対人関係力の高い人が勝っていきます。

どんな相手と組んでもチーム力を発揮できるようにしていきましょう。盛り上がらないのは、メンバーが悪いときもあるかもしれません。

でも、**盛り上がらなかった場合は、自分はまだ実力不足なのだと考えてください。ボーッとしている人や準備の足りない人に対して、できることがなかったか。**

盛り上がらなかったのは自分の責任、と思うくらいのキャプテンシーがあっていいと思います。

第8章

同じミスを繰り返さない修正力

「報・連・相」から「テン・修・確」

新入社員になったときに、会社で「採用してよかった」と思われるコツとは何か。「ほう・れん・そう」という言葉は、知らない人がいないほど有名です。ほうれんそうとは、「報告・連絡・相談」で、こまめにコミュニケーションを取れということです。勝手にやるな、という教えでもあります。

これはこれでいいのですが、この3つのワードには変化が足りません。報告・連絡・相談は、3つとも似ています。

たとえば、「気力と負けん気とやる気の3つが大事です」と言われても、「似すぎているなあ」と思うでしょう。3つ選ぶのであれば「心技体」のように別々のもので、しかも3本柱と言えるものが望ましいのです。

心と技と体は、それぞれ違います。でも、この3つが揃うと、三脚のようにしっかり整う。3つのワードとして素晴らしくまとまっています。

「知情意＝知性・情感・意志」という3つも、なかなかいい。論語には「智仁勇」という言葉もあります。智は智恵や知性、仁は心の大きさや優しさ、勇は勇気や勇ましさ。フランス革命のスローガンは、「自由・平等・友愛」。これも3本柱として素晴らしいものです。

どんなことでも、3つにまとめると伝わりやすい。これが私のメッセージです。3色ボールペンを使えと言うくらい、「赤・青・緑で生きていけ」という考えを持っていますから、とりあえず3つにまとめたい。そこで、「ほう・れん・そう」の代わりの言葉を考えてみました。

それは「天守閣」です。「てん・しゅ・かく」の3つに分けます。

「てん」は、「テンション」のことです。

いきなりカタカナで意表をついていますが、テンションの低い新入社員には、がっかりします。元気のない若手社員を励まさなければならない40代、50代は、「採用するんじゃなかった」とさえ思うでしょう。

テンションが高いというのは、やたら舞い上がればいいというわけではありません。適度な緊張感と張りを持ってやる。心身共に張りがある人、と考えればいいでしょう。

張りのない人は、雇う気持ちにはなりません。

とりあえず、声は張りましょう。声が小さくて、相手の目を見ることができない人は、学歴があっても就職はできません。

どんなに勉強ができても、たとえ東大卒という肩書きがあっても、就職は難しい。実際に私はそういうケースを知っています。

今どきコミュニケーション能力のない、テンションの低い人を採用する会社はないのです。対人関係から逃げて、コミュニケーション障害のようになる人がいます。社会人としては、力不足です。

企業では「チーム力」が最も大事です。

これからは、チームとして何かしてきた人、ディスカッションのときにうまくリードできる人、他の人をフォローできる人。そのようなファシリテーター的な動きができる人を評価する試験方式を考えるべきだと思っています。

たとえば採用試験でも、小論文のような試験だけではなく、5人くらいで様々なテーマでディスカッションを1時間くらいやってみる。そうすれば、誰が思考力、対話力があるか、わかります。

仕事場では、テンションが低い人、ボーッとしている人と一緒に働くのは嫌なものです。年配の人は、ただでさえ仕事が面倒くさくなっているから、どんどん前に出て元気に働いてくれる若者が好きなのです。

私の大学でも一緒に働く仲間を採用しますが、研究能力が高くても「仕事をする仲間としては微妙だなあ」と思う人がやってくることがあります。学生の前に立ったときに、たぶん空気がよどんでしまうだろうと思われる人は、採用しません。学生に活気を与えるためには、教員の側にも活気がないといけない。大学の教員でも、そういう採用基準です。

私は主任なので雑用が多いのですが、新人教員が、「じゃあ、私がやります」と言ってくれると、本当に採用してよかったと嬉しくなります。

そういう積極性は、「テンション」に入りますね。

テンションを上げて自ら動く。動ける体を作っていくのが大事です。

同じ間違いを繰り返さない

次に「てんしゅかく」の「しゅ」は何でしょう。

それは修正力です。

一度は間違えてもいい。でも、二回目に間違っているのを直せないのは過ちです。

これを言った人は、孔子です。

下村湖人の『論語物語』(講談社学術文庫)という本を『論語』とセットで読むと、

人間力が上がります。

東洋の古典といえば、まず挙げられるのが『論語』です。孔子が弟子たちに説いた言葉です。『論語』の言葉はバラバラなのですが、孔子が弟子たちと生きて動いていたことを物語にしてくれたのが、下村湖人です。

「過ちて改めざる、これを過ちという」

これが、『論語』の言葉です。

最初は知らない場合もあるので、間違ってもいい。でも、二度目にそれを直さなかったときこそが過ちだということですね。

二度目や三度目になると、だんだん人はあきれてきます。親切な人は「おまえ、それは二回目だぞ」と言ってくれますが、三回目になると誰も言いません。その人に、仕事を頼まなくなります。そうすると、知らない間に仕事は減っていきます。ですから、修正はとても大事なことです。

そして、ミスをしたときには、過ちをごまかしてはいけません。現代は、ごまかしがきかない時代になりました。情報は、調べれば全部出てきてしまう。ごまかし続けていると、ばれたときにすべてが明るみに出ることになります。しかもネットで公開されてしまう。

「粉飾〇〇」や「偽装△△」というのは、今の時代は企業に甚大な損害を与えます。たいがいのことは、バレてしまうんですね。

ですから覚悟を決めて、即時修正することで誠実さを表すのが、これからの企業の基本方針になるでしょう。

ひとりの社会人としては、**ミスを認め、どう修正したのかをセットで報告すること。システムを変える、やり方を修正するなど、具体的な修正案を出していくのが、修正力の大事なポイントです。**

声が小さいと言われたら、驚かれるくらい大きな声を出す。文章が長すぎてわかりにくいと言われたら、短く区切って読みやすいものにする。わかるように提示するのが、相手への誠意です。

「直したの？」「はい、直しました」「いや、直ってないでしょ」と再度指摘されてしまうより、「修正しすぎだよ」と言われるくらいでちょうどいいのです。修正力アピールも、社会人の技です。

修正点は紙に書いて貼る

私は毎日膨大な数のメールを受け取りますが、日本語のミスが案外多くて驚きます。ちょっと読み返せば漢字変換などの間違いに気づくはずなのに、日付と曜日などの初歩的な間違いが多い。

仕事のメールは、打ち終わったらすぐに送信するのではなく声に出して読み返し、日付を確認して、右を見て左を見てもう一度右を見るくらいにして、送信してください。自分で自分のメールを修正するわけです。

修正力があるかないかは、社会人として非常に重要です。

修正力があるというだけで、会社では生き残ることができます。最初は仕事ができなかったとしても、どんどん成長できる。そういう人とは、つきあっていても気分がいいものです。

修正点は、付箋などに書いて机の前に貼っておきましょう。紙に書いて貼るというのは、一番効果的です。

先日私が読んだ記事に、こんなものがありました。

井上尚弥《なおや》さんというボクシングの世界チャンピオンがいます。高校で7冠をとりました。その彼がプロになる前、オリンピック予選で僅差判定で負けてしまいました。勝てると思っていたのに、わずかな差で負けたのです。

すると、それを見ていたお母さんは、ある言葉を紙に書いてリビングに貼ったそうです。井上選手は、毎日それを見てから練習に行くようになりました。

さて、そこには何と書いてあったでしょうか。

それは、「紙一重」です。

「紙一重」という言葉をリビングに貼って、毎日見てから練習に行ったのです。素晴らしいですね。これが言葉の力というものです。

言葉というものは、私たちの心と精神、特に精神を支えています。ですから井上選手にとっては、「紙一重」という言葉が体験と共に本当に大切なものになっている。しかも、母親が書いた「紙一重」という文字は、最大の贈り物となって胸に刻みつけられ、練習をやっているときにも片時も忘れないようになります。そうすると、強くなりますね。

修正ポイントや、忘れてはいけないと思う言葉を机の前に貼ってみてください。小学生のときにはよくやったことです。「そんなこと」と思うかもしれませんが、これが意外に効果があるのです。

メールは証拠を残す有効なツール

「てんしゅかく」の最後の「かく」は、「確認」です。

社会人になると、とりわけ確認は大事です。なぜなら「たぶん大丈夫だろう」と思って進めてしまったことが、上司の意見と違っているケースがあるからです。

確認を徹底させるには、リコンファーム方式を身につけるといいでしょう。

かつて飛行機の国際線に乗るときには、出発の72時間前までに確認の電話をするリコンファームが必要でした。つまりリコンファーム方式とは、「わかっているけれど改めて確認する」ということです。

たとえば、わかっているはずでも上司には「明日、この工場に行ってきます」と念のために確認をします。たとえ上司がすっかり忘れていたとしても、そのひと言で思い出し「そうか、行ってきなさい」と送り出してくれるでしょう。

仕事の確認を取るために、メールは重要なツールです。節目ごとに「以前の指示ではこういう方針になっていましたが、それでよろしいでしょうか」とメールを1通送

っておく。そうすれば、「あのとき確認した」という内容が残ります。

メールは社外の人にも有効ですが、社内的にも重要です。

上司というのは忙しいので、うっかり約束を忘れることもあるわけです。「言った」「言わない」の揉め事になるのは、避けたいもの。そのために、部下のほうから社内メールで確認するのです。

メールがない時代は、上司のほうが強かったため、悪くもない部下が謝ることがよくありました。

しかし今の時代、メールは素晴らしい味方になってくれます。「2週間前にメールを送りましたよ」「あれ、そうだっけ？」となると、上司も納得せざるを得ません。

仕事の顧客にもメールを送っておくと、「こちら側はちゃんと確認しましたよ」というディフェンス力にもなります。

ただし、できもしない約束をしてしまうと「メールでこう言ったじゃないか」ということになりかねないので、慎重にしなければなりません。だから、確認のメールが大事なのです。

20代の人たちのやり取りは今、ほとんどがSNSです。どんどん会話が流れていくLINEなどは、ドタキャンも多い世界です。たくさんやり取りをしているようでも内容がゆるいため、直前になって取りやめたり、連絡が取れなかったりする。しっかりとした社会人のやり取りではありません。

社会人になったら、SNSのおしゃべり感覚から脱することです。

ビジネスメールの書き方を覚え、たとえ裁判になっても大丈夫なように常に確認を取っていく。いざというときにも困らないように「自分はちゃんと確認を取っている」という証拠を残していくのです。

上司というのは部下に対して「自分で状況を判断して動け」と言いますが、確認はしてほしいと思っています。「自分で判断するのか、上司が判断するのか、どっちなんだよ」と、若い人は思うかもしれません。

しかし、上司の立場から言えば、これは矛盾した言葉ではないのです。部下には、自分で判断してほしい。でも、本当に動くときは行動の前に上司に確認を取り、それからやってほしいということ。

確認作業を繰り返していけば、経験知があまりない人でもミスが少なくなっていきます。

マニュアルは経験知の結集

仕事を進めていく上では、「この順序でこれをこなす」というマニュアルをみんなで作れば、それが確認につながります。

優れた企業というのは、マニュアルがしっかり作られています。マニュアルがあるので、どういうふうに動けばいいいか、みんなが理解しています。

たとえば、確認すべき工程が10あるとすると、10工程すべてを徹底して確認していけば、ミスも出ません。つまり、マニュアルは経験知の結集なのです。

「マニュアル人間」というのは決していい意味の言葉ではありませんが、それは「マニュアル通りにしか動けない」と否定的に使われるからです。

しかし、マニュアルをしっかり押さえていれば問題なくできるという意味では、マニュアル人間は素晴らしいと思います。

問題なのは、マニュアルを何となく知ってはいるけれど、自分の中でマニュアルが自然にできるほど技になっていない人です。あるいは、マニュアルがうまくいかないのだとすれば、マニュアル自体の出来が悪いのかもしれません。

きちんとその通りにすれば、少なくともマイナスがない。事故も起きないというのがマニュアルです。その上でお客さんに対するホスピタリティ（歓待する心）を持って、感情面のフォローをする。

相手が怒っているときには、怒りをおさめるような対応をする。それがプラスして必要になってくることでしょう。ただしクレームの対処法も、たいていのマニュアルに入っているので、マニュアル通りにやっていくということです。

実は、大学の入学試験をするときには、毎回何十ページもあるマニュアルが配られます。

そこには「病気になったときにはこうする」とか「カンニングが疑われるときは」とか、すべて書いてある。それをすべて頭に入れて、きっちりやれるかどうかが大事なポイントです。

入学試験の監督は非常に厳密にしなければならないので、マニュアルが頼りです。マニュアルに書かれていないトラブルが起きたときには、次のマニュアルに必ず反映されます。

こうしてマニュアルはどんどん精度が高まっていく。入試のトラブルを未然に防ぐことができるようになっています。

マニュアル作りをみんなでやってみると、仕事をしていく上で何が重要かを考える練習になります。すでにマニュアルがある企業も、改めて作り直すといいでしょう。

マニュアル作りの話し合いは非常に盛り上がります。社会人になって2年目や3年目の人が集まり、次の新人のために作ってみる。ついこの前まで新人だった人ばかりなので、自分が困った経験が反映され、いいものができあがります。

40代の人が新人研修のマニュアルを作ろうとしても、いいものはできません。自分が新人時代のことなど忘れているからです。むしろ20代半ばの人が作り、ちょっとずつアレンジを加えて新しくしていくと新鮮なものになっていくでしょう。

準備・融通・フィードバック

物事を進めていくために一番大事なことはなんでしょうか？

それは、「準備」です。

仕事も授業も、ほとんど準備がすべてです。

そして、準備ができたら実際にやってみる。

決めた通り、計画通りに分刻みにやってみても、案外うまくいかないものです。同じ仕事のようでも、相手によって状況はすべて違います。

そのとき大事なのが「融通」です。

そして最後は、やったことの失敗や成功を、次に生かすこと。私は授業の感想を全部読んで、次に生かしています。これを「フィードバック」と言います。

フィードバックとは、アメリカの数学者ノーバート・ウィーナーが、サイバネティックスという理論で使った言葉です。「生物というのはフィードバック機能を持っている。それを社会に生かそうじゃないか」と言った天才です。

フィードバックしないと、そのとき成功してもまた失敗する。そうならないように、必ず聴衆やお客さんのいろいろな声をフィードバックする。そうすると、物事は進化していきます。


何かをやって失敗したときは「準備が足りなかったのではないか」「自分は融通が利かない人間なのではないか」「フィードバックの回路が足りないのではないか」と問いかけてみてください。たいてい、この3つのうちのどこかに問題があります。

「準備・融通・フィードバック」と声に出して言ってみると、効果的です。

準備にものすごく力を入れても、融通が利かない人はダメです。

今の日本人は「融通不足病」みたいなところがあります。すぐそこにあるのに持ってきてくれないとか、柔軟に考えればいいのに「いや、それはできません」と言われたりする。融通が利かないのは日本人の大きな弱点ですから、ぜひ意識してみてください。

先を読むには現状をしっかり把握する

仕事を進める上では、この先どういうことが起きるか、予測が必要です。想定外のことも起きるでしょう。

「こう言ったらこうなるだろう」「こちらを選んだら相手はこう思うだろう」など、いくつかパターンを考えてシミュレーションし、一番ケガの少ないところを探ります。予測が外れる場合もあるので、外れた場合のことも考えておかなければなりません。

「8割くらいはうまくいくけれど、2割はダメだろう」

ダメだった場合、再び集まるのは大変なので「そのときはこうする」と決めます。ダメだったとしても、上司の考えを把握しているので、すぐにギアを切り替えることができるでしょう。

ところが予測力のない人は、たいてい「大丈夫だろう」と楽観しています。ダメだったときのことを考えていないので、「出直してきます」となって先に進めません。

私がスポーツ観戦を好きなのは、常に選手が予測しながら動いているからです。サッカーならパスがどこに来るか。ディフェンス側も考えているし、フォワード側も考えている。予測にも選択肢があり、選手がどれをとるかを見ていると、「点をとった」「とられた」という以外のところが面白くなってきます。

テニスの錦織圭選手は予測力が抜群で、どこにボールが来ても追いついていきます。もちろん対戦相手も予測していますが、ときどき予測が外れて転んでしまう場合もあります。それくらい、テニスは予測して動かないと、勝てないスポーツです。

ただし100パーセントの予測をして動くと、逆を突かれます。80パーセントはこっちにくるだろうけれど、20パーセントはこっちかもしれないから20パーセントのほうも注意をしておく。予測力がぶつかり合う競技だと思って見ると、面白さは倍増します。

仕事上での予測力を鍛えるのは簡単です。

「今このプロジェクトで、どういうことが起きる可能性があるか。それは何パーセントくらいか」という確率まで、常に考えておくこと。

「3つの可能性があって、そのパーセンテージは1：1：1」なのか、「最初が50パーセント、次が40パーセント、次が10パーセント」なのか。配分も考えます。そして10パーセントでも起きるかもしれないことに対して、用意をしておく。10パーセントの場合は、50パーセントの対応策とは違います。パーセンテージ込みで選択肢を列挙していくのです。

サッカーのディフェンダーの予測力は、見事なものです。

Aにボールが来る確率が50パーセント、Bは40パーセント、Cは10パーセントとなると、彼らは体重のかけ方を配分します。そうしないと、Cを予測していなかった場合、みっともない抜かれ方をするでしょう。そのあたりの体の使い方も面白いんですよ。

先日、女子サッカーの澤穂希選手が引退しましたが、澤選手のプレイですごいと思うのは察知能力です。「ここに来る」というところに走り込んでいく。そして、ピンポイントで足を合わせてシュートする。

宮間あや選手がパスを出し、澤選手がゴールを決める場面が多かったのですが、ふたりはわかっているのですね。予測を共有しているのです。

人がいないところに宮間選手が蹴り込んで、そこに澤選手が走り込む。何もないところでふたりの予測が一致する。澤選手は「ここが危ない」というところに必ずいて、攻撃だけではなく守備でも「察知力」が生かされていました。

そういうことが仕事でもできれば、危険察知能力が高いということで、格段に評価されます。

たとえば、クライアント先に出かけてプレゼンをする場合、「話がこじれそうになったときに必要かもしれない」と思えば、メールの記録や、必要な資料を準備できます。実際に鞄の中から「資料を持っています」と言って取り出せば「おお、用意がいいねえ」となるでしょう。

危険を予測できるのも、社会人として大事な能力です。

第9章

どんな状況でも何とかするメンタル力

勝負感覚がないと仕事は続けられない

この章のテーマは、「勝負感覚」です。

ある大学3年生が、インターンシップの面接に行きました。企業にインターンで行くと就職しやすいということもあって、毎年行われています。そこで、面接に失敗した学生がいました。

なぜ、失敗したか。

「組織をまとめるのに英語で指導したことがありますか？」と聞かれて「ありません」と答えてしまったのです。

私は「ありません、できません、知りませんと言うな」と、学生には繰り返し伝えています。二度と君たちの人生でその言葉は使わせない、という勢いで教えています。できないと言わず、自分なりに何かを考えろということです。

答えは何でもいいんです。「組織をまとめるのに英語で指導したことがあるか」と言われたら、「飲み会でこれから飲むぞというとき"Let's go!"と言いました」でもいいので、何かを思いつかなくてはいけない。

たとえ経験がなかったとしても、「ありません」「できません」「知りません」ではなく、何かしら近いものを思いついて言うことが必要です。「それはやったことがないけれど、こちらならあります」というように。

「ない」と言われると、相手は話す気がなくなってしまいます。つまり「ありません」と言った人は、勝負に負けてしまうわけです。

彼には何が足りなかったか。勝負どころに強い人と、弱い人がいます。面接もそうです。勝負に必要なものは何でしょうか？

もちろん、あらゆるものに勝ち続けなくてもいい。でも、本番に弱いとか、面接のような場で本来の力を発揮できないのは、ちょっと残念です。実力以上の相手と勝負して負けたなら仕方がないのですが、最初から気持ちが負けてしまっている場合もあります。

そこで必要なのが、「勝負感覚」です。

起業する人や、社会で何かを自分でやっていこうという人は、勝負感覚を持ち合わせています。頭の良し悪しではない。勝負感覚のある人が、独立して仕事ができるようになっていくのです。

では、勝負に勝つためには、何が必要でしょうか。いろいろありますね。

大学生に「勝負」について聞くと、次のような意見が出ました。

「古典を読んでいたとき『勝たんと打つべからず。負けじと打つべきなり』という一文がありました。つまり、勝とうと思ってやるよりも、負けないためにどうすればいいかを考えるといいのではないか。失敗案をどんどん考えて、それを克服していくと、最終的には勝ち筋に持っていくことができると思います」

「ふたつの選択肢を用意する必要があると思います。自分がここに行きたいという目標の場所と、自分の実力に沿った場所。実力に沿うものだけだと力が伸びず、自分の枠から出られません。目標だけだと敗れたときに心が押し潰される。だからふたつ必要だと思います」

勝負事にはいくつかポイントがあります。重要なものから話します。

まず「覚悟」。

覚悟のない人は、最後のところで「負けてもいいや」と思ってしまいます。

たとえば、優勝することが義務づけられているチームは、決勝に勝ち残ったからといって気は抜きません。しかし、「決勝に出られてよかった」と思っていると、負ける。勝負はすでにやる前から決まっています。

「うちの学校は、ベスト4以下なら負けたも同然」と考えていると、ベスト16なんかじゃ満足できません。ここでは、先輩たちのやったことが自分たちの財産になっています。

サッカーのワールドカップもそうですね。試合に出るメンバーは、前回と同じではありません。同じではないのに「前回はベスト16だったから、今回は8だ」などと言われて比べられます。

高校野球も自分が出場した試合ではないのに、伝統の力で「学校の当たり前」がある。その基準の設置が重要なのです。基準の設置を間違えると、安心してしまうラインが低くなります。

東大受験も同じです。実質、競争率は3倍です。厳しいとはいえ、本気で受ければ合格する可能性も出てきます。そもそも、それをやる人が少ないということもありますね。

基準を高めに設定して、それを当然だと思い込むことが重要です。

情報戦を制する

覚悟不足はダメですが、情報不足もダメです。

ものすごく覚悟していても、調べていないケースです。受験に行ってみて「ええっ、こんな試験だったの!?」と、びっくりするなんていうのは最悪です。

中高一貫の有名な進学校がありますね。

なぜそういうところの進学率がいいかというと、昔からの大学合格の情報が蓄積されているからです。どの学年のときに、何を準備すればいいかがわかっている。学校全体の分厚い情報があるところと、あまり持っていないところでは、戦い方がまったく違います。情報戦は非常に大事なのです。

今、スポーツ界では「スカウティング」と言って、相手を分析するのが当たり前になっています。対戦相手を分析し、自分たちの戦力と、相手の弱点や長所を見比べて戦略を練る。それを見て、選手にシンプルな指示を与えるのが監督の役割です。

私は、テニスのコーチをしていたことがあります。

たとえば試合の相手が、バックハンドが苦手で、自分は別のショットが得意だとします。試合ではすべて、「バックハンド対自分の得意なショット」で勝負するように持っていく。私自身、そういう試合を延々とやり続けて、あるレベルまでの相手には、面白いように勝つことができました。

もちろん、全部のショットで相手の弱点をつけるわけではありません。でも、そのパターンに持って行き、相手を逃れられなくする。少し上のレベルの選手の場合は、それだけでは通用せず、負けてしまいます。これは実力負けというものです。

私の友達の起業家が言っていました。

「ある地域で、その業種が弱いポイントに自分の長所をすべて注ぎ込み、狭いポイントでナンバーワンになる。そこでは必ず利益が上がって勝てる」

彼は、そのやり方で勝ち続けていきました。彼にテニスを教えたときも、相手の弱いところに自分の得意なショットしか打ち込まない。そういう意味では私と同じ性格でした。やはり勝負勘のある人は、そういうふうにやっていくのです。

ですから、英語が得意なら、英語で入っていける場所で勝負をする。

こう考えていくと、**勝負は必ず真っ向から臨むものではない。分析して、戦略を練って、得意技を磨いて、相手の苦手なところにぶち込んでいくのです。**

「相手の苦手なところ」と言いましたが、逆に言えば「自分の得意なところ」を評価してもらうことでもあります。

たとえばA社・B社・C社と、数種類の会社があるとしたら、自分が得意なところを評価してもらう。評価してくれない会社は「縁がなかった」と思って、「ありがとうございました」とさわやかに去っていくことも大切です。

勝つクセをつければ、勝ち続けることができる

勝つための最大のポイントは「勝ち慣れる」ことです。

勝つパターンを持っている人や、勝つ経験が重なって、当然勝つだろうという前提で向かう人が勝ちます。

なぜかというと、「自分は勝つ」と思っているので、そのための努力が苦にならない。ひとつやふたつ負けたとしても、最終的には勝つと思っているので、くじけません。考え方が、普通の人とはちょっと違う状態です。

しかし、勝ち慣れるというのはとても大事なことです。「できたね」と、何度もほめられて、「できるんだ!」という自信になれば、次のチャレンジもできるのです。

ある定時制高校の先生が、こんなことを言っていました。

英作文が苦手な子が、自分の好きな部活について書いてきたら、必ずそれを点数化してあげるそうです。

ただ「いいね」と言うのではなく、「これは75点だね」と言ってほめる。また次に持ってきたら「82点だ、ちょっと上がったね」という感じでやっていくのです。

なんでもかんでも点数化するのはよくないと思うかもしれませんが、先生が明確な基準を持っていれば、生徒も努力のしがいが出てきます。

「なんとなくいい」ではなく、その子用の点数をつける。クラスで競う点数ではなく、その子用に基準を作るのです。

しかしこれは、その子をしっかり見ていないとできません。その子の基準で、今日は75点。課題は、その人によって違う。点数化した成績は、過去の自分との競争になります。

これをすることで、生徒は勝ち慣れていきます。あるいは、ある程度自信が持てる相手と競って、勝つコツを覚えてからレベルを上げていく方法もあるでしょう。

勝ち慣れてきた人は、次も勝ちやすくなります。

その先生は、「定時制に来る子は、人生でほとんどほめられたことがない。評価されたことがない子ばかりだ。だから、点数化してきっちりほめてあげると、すごくやる気が出てくる」と言っていました。

卒業生のT君も定時制で教えていますが、やはり「相手をリスペクトしないと、こちらの言うことは聞いてくれない」と言っていました。「彼らは自分をバカにしているのかという匂いを嗅ぎ取ると、何を言っても聞いてくれません。だから一人ひとりを見て、ちゃんと尊重しリスペクトしている」と話していました。

T君は、飲み会や合コンを開いたり、サッカーが大好きでコーチをしたり、勉強以外のことはすべて得意なのですが、勉強だけが好きではなかった。そのため採用試験には長らく落ち続け、臨時採用で働いていました。

しかし、定時制の子たちと一緒にいるには「採用試験に本気で臨むしかない」と思って、再び勉強をスタート。飲み会を断り、合コンを断り、身を切られる思いで1日十数時間の勉強を敢行しました。そして、めでたく合格したのです。

拙くても早ければ修正できる

勝負に勝つためには、本を読むことも大事です。

『孫子の兵法』を読んだことがありますか？　岩波文庫の『孫子』でもいい。「敵を知り己を知れば百戦殆うからず」という言葉くらいは知っているでしょう。

これらの本には、「全部勝てばいいというわけではない、負けないのが大事だ」とか「将軍というのはどういう資質が必要か」ということが書いてあります。

たとえば「拙速」と「巧遅」という言葉があります。

拙くて速いほうがいいか、巧くて遅いほうがいいか。

どちらがいいですか？

「巧遅」を選ぶ人が多いのですが、孫子では「拙速がよい」という考え方です。これが全面的に正解というわけではないかもしれません。

でも、**早ければ修正が早くできる。遅いということは、その分修正もしにくいということです。**

孫子だけではなく、様々な経営者が言っていますが、**物事を進めていく上ではスピード感が重要です。**

書類の締め切りまで5日あるとすると、3日でやりきってみる。できなくてもそれが無理だとわかったら、次にまた修正していけばいいのです。

拙速でとりあえずやってみて、確認、修正をしながら2回目、3回目と作っていく。

そうすると、提出する日にはほぼ完璧に近い書類を作ることができます。

遅い人というのは、たいてい締め切りの時間ギリギリまで書類を作り、修正・確認をする時間を取ることができません。これでは意味がないですね。ですから、常にスピード感を重視すべきです。

ゆっくりやると深く考えられる、と思う人もいるらしいのですが、そんな考えはどこから生まれたのだろうと、私は思います。ゆっくりしている人は、ほとんどが深く考えていないのです。

「待つのも仕事だ」と言いますが、そういうふうにすると、だいたいの人はボーッとしています。

私は、自分自身をストップウォッチで追い込んでいきます。時間で区切って考えます。「5秒で考える」と決めたら、5秒で考えなければいけません。

もちろん、1日中考える日があってもいい。2年、3年と考えるのもいいのですが、5秒、5分の密度を上げなければいけない。考え続ける1年でも、5分の密度が高い人が考える1年と、密度が低い人間が考える1年は違うのです。

時間あたりの密度の感覚がない人には、考えることができません。だから、ストップウォッチを使って考えることを実践してほしいのです。

たとえばテレビに出演した場合、司会者に何かをふられて5秒も考えてはいけません。5秒も「えーっと、うーんと」と考えていては、番組がおかしなことになってしまいます。

反射神経だけではないと言うかもしれませんが、**瞬間的に脳を回転させることができなければ、高度なコミュニケーションは取れないでしょう。**

密度の高い人が1年2年と考え続けるから、ちゃんとした研究ができるのです。ノーベル賞なども、頭の回転の速い人が密度の高い研究を長く続けてこそ、受賞できるものです。

常に問いを立てて自分を追い込む

ノーベル賞を受賞した、益川敏英先生と山中伸弥先生の対談本『「大発見」の思考法』（文春新書）には、「考えるとはどういうことか」が書かれています。

私は「なるほど！」と完全に共感しました。中でも面白かったのは、「問いを立てる力」の話です。

第1章の「アウトプット型の聞く読む力」でもふれましたが、問いを立てること自体が考える力なので、授業で大事なことは発問です。

教師がまず問いを立てて考えさせる。生徒に問いを立てさせるところまでいくと、考える作業とはどういうことかがわかってきます。**自分で問いを立てると、課題意識を持てるようになるのです。**

あるビジネス雑誌で、こんな記事を読みました。

イタリアンのチェーン店「サイゼリヤ」は、大変成功しています。「日本を真に豊かな国にするお手伝いをする。安くておいしいものを提供する」ことを、ポリシーとしているそうです。

創業者の正垣泰彦さんが言っていました。彼は、マクドナルドなどに入ったら、とにかく気づいたことを100、200とノートに列挙する。何が役立つかわからないけれど、とにかくマクドナルドは優れているという前提で書いていく。それをサイゼリヤの課題として生かすというのです。

3つか4つなら書けるでしょうけれど、100個は出ませんね。そういう課題意識を持てる人が、社会で勝っていきます。

「俺のイタリアン」という立ち飲みイタリアンも人気です。この店の社長の坂本孝さんの考えは、とてもシンプル。世の中で、今、立ち飲み居酒屋が流行っている。イタリアンも流行っている。「じゃあ立ち飲みイタリアンだ！」ということで、「俺のイタリアン」の他にも「俺のフレンチ」など、いろいろな店が生まれています。

これも完全に勝ちパターンをつかんでいます。流行っているものは勝つ。つまり、**需要があるところで勝負するのです。**需要がないところを掘って、「最高にうまいよ、うちのアフガニスタン料理」と言っても、人はあまり来てくれません。

この世は食ったり食われたり

雑誌でこのふたりの経営者が対談していたのですが、「俺のイタリアン」を作った坂本社長は、ブックオフの創業者でもある。これはすごいことですね。業種の垣根を越えていく人は、やはり勝つということでしょう。

勝ち負けだけが人生ではありませんが、やはり社会で生きていく以上、自分で自分の食料を採ってくることができる狩猟能力をつけさせて学校を卒業させるのが、教育の義務ではないかと思います。

今はグローバルな社会になり、世界中が同じマーケットになっています。ですから、日本人だけが魚も獣も獲れないひ弱な状態になってしまったら、国として消えていくだけです。ある程度の狩猟感覚を身につけさせるためには、勝負の感覚を教えて、勝ちのパターンを学んでいくことが必要でしょう。それを部活などで生かすのです。教師が、狩猟感覚や野生の感覚を生かす部活動をしようと思えば、運動部でも、吹奏楽部でも、やり方は変わってきます。

ちなみに、勝負には勝ち負けがあって、負けるときもあるわけです。勝ったとしても、驕った気持ちになって没落していく人もいます。勝ち負けを追いかけすぎて、心が疲れる場合もあります。

そんなとき必要なのは、勝負ごとへの考え方です。**「この世は食ったり食われたり」が当たり前なのだと受け入れること。**

そして、もうひとつ。この世とは違う原理も知っておくことです。それは「般若心経」です。この機会に、一緒に音読してみましょうか。

「ギャーテーギャーテーハーラーギャーテーハラソーギャーテーボージーソワカ」

「ギャーテーギャーテー」というのは「行け行け」ということです。彼岸に行けとも言われますが、自分のとらわれを抜けて、超えて行けということ。「すべてを超える」というのが「ハラソーギャーテー」。

「ボージーソワカ」の「ボージー」は「菩薩」や「母胎」という意味で、「ソワカ」は「幸あれ」という感じです。要は、「とらわれを抜け出ていくと、涅槃の境地がありますよ。めでたいね」という意味です。

これは真言、マントラです。マントラとは悟りの呪文みたいなもので、密教的になるわけです。

「般若心経」は、空の理を説いています。この世界は空である。「色即是空空即是色」です。実体があるものがないものであり、ないものがあるものである。その原理を知性でつかまえる道と、身体的に空を感じ取るふたつの道があります。後者が「禅」です。

そして、そのふたつの道をひとつに合わせたのが般若心経なのです。

般若心経の唱え方は、心を整えて、息を長くするのが基本です。ではもう一度、息を長くすることを意識して3回言ってみましょう。

3回繰り返すのは、呪文だからです。呪文というのは梯子のようなもので、登ってしまえばいらなくなります。悟りがわかればいらないものなのです。こういうものを持っていると、強くなります。

心がぶれたとき、「ギャーテーギャーテー」と言ってみる。すると、心が整えられます。怒りがおさまらないときにも「ギャーテーギャーテーハーラーギャーテーハラソーギャーテーボージーソワカ」と唱えましょう。頭の中で鐘がゴーンとなります。

これが悟りというものです。

実体のない「空」においては、勝ち負けなどまったくありません。「ギャーテーギャーテーハーラーギャーテー」と言って、負けを忘れるのです。そして勝った場合にも、般若心経で終わることが大事です。

私が言いたいのは、「悟り」が重要だということ。**勝ったにしても負けたにしても悟りなさい、ということ。**負けた試合でも、やるだけやって本当に満足できたときは、悟っている状態です。

また、自分自身が無になって、客観的に見つめつつ、自分の潜在能力を発揮できた状態が悟りだとも言えます。

圧倒的に実力が上の相手なら、勝てるはずがないときもありますね。それでも、やるだけやっていたとき、先生は「おまえ、あのショットを打ったときは悟ってたな」と教えてあげてほしい。「あれは、ギャーテーギャーテー」だったよ。

先生が「ギャーテーギャーテー」と言ったら、生徒が「ハーラーギャーテー」と答える。こんな感じでどうでしょう。教師になる人は、合言葉にして教えてあげてください。どんなレベルの人でも、悟ることができる瞬間はあります。

また**悟りとは、とらわれから抜け出ていくことです。**とらわれとは、思い込みです。「これは、こういうことなのだ」「この人は、こういう人なのだ」という思い込みから抜け出て、まっさらな気持ちで臨まなければなりません。

どんなものに接しても、驚きを持って見つめる。決めつけないで「ハッ、これは!?」と思うことです。

今までの概念通りにものを見たり考えたりしているだけでは、ほとんどのものを見ていないことになります。先入観で見ているだけ。だから、現象そのものに接するのです。

悟りの境地とは、どこか高いところにあると思うかもしれませんが、悟りはその都度持つことができます。素直な気持ちになって自分のエゴを捨てていくことです。

悟りのための呼吸法

自分のエゴを捨てていくときの呼吸法があります。息を長く吐く、悟りのための呼吸法です。３秒軽く鼻から吸って、２秒止めてから、ゆっくり10〜15秒かけて口から息を吐いていきます。

やってみましょう。息を吸って止め、ゆっくり吐いていきます。ふーーー。もう一度、軽く吸って止め、少しずつ口から、ふーーー。イヤな思いやマイナスの感情が体から出ていくようなイメージで。これが、悟りです。

悟りを、あまりハードルの高いものにしない。今ここでやろうと思えば、悟りの境地になれるのです。

「仁遠からんや。我、仁を欲すれば、ここに仁至る」と孔子も言っています。今ここで学ぶ気持ちを欲したら、もうそこに学びはあるということ。小学校１年生でも学びたい気持ちはある。それは、研究者の学ぶ気持ちに劣らないものです。

長息呼吸をすると、静かな心持ちになります。人を恨む気持ちもなくなります。「ふーーー」と息を吐きながら、「あいつのこと、殴ってやろう」と思う人はいませんね。とりあえず、そのときは心がきれいになります。悟りとは、心のお掃除みたいなものです。

悟った状態になってもまた、「やってられないぜ」という気分になったりする。人間は、何度も何度も、悟ってはダメだ、悟ってはダメだと繰り返します。それら全部を含めて生きているということ。それでいいのです。

悟りの状態をずっとキープするのは難しい。

イチロー選手でさえ、「野球はよくわからない」と言っていました。思いっきりいい当たりなのにアウトになったかと思えば、野手の正面ボテボテの当たりがヒットになったりもする。野球はわからない。彼が言うのだから、本当にわからないのでしょう。


悟りというのは、キープするのが目的ではなく、そこに行ってまた戻るもの。心の掃除の時間です。


しかし、また人間には欲が生まれる。欲がないと働く気にはなりません。欲だって悪いものではないと考えます。

中学・高校の教員になる人は、ぜひ生徒たちに悟りを教えてあげてください。部活をするなら、すべての部活において悟りが可能です。

たとえば、吹奏楽部で音楽に集中したとします。自分が出しているクラリネットの音を聴き続け、響きを聴いて、聴いて、完全に一体化する。そういう感覚になったら、そのときは悟っているということです。

あるいは卓球部なら、リズムをつかむ瞬間があります。カンカン、カンカン、カンカカン。「あ、この感じこの感じ」と、考えなくても体が動いていく。最後は相手と一体化している感覚になります。

バスケット部なら、シュートを打つ前に、入るのがわかる瞬間があります。見えていると感じる瞬間があって、手が離れたときにはもうわかっている。「シュルシュルシュポン、悟った！」という感覚になります。

悟りというのは、言ってみれば赤ん坊のような状態。まっさらな無の状態です。

アメリカのバスケットボール指導者フィル・ジャクソンは、東洋思想に憧れていて、試合の前に必ず禅の話をしていたのですが、マイケル・ジョーダンは「フィルの話はすごく面白い」と聞いていたそうです。フィルはマイケルのことを「禅マスターだ」と言っています。

なぜなら彼は、試合時間残り3秒の、シュートを決めないと負けるようなときにいつもボールをもらうのです。普通の選手ならパニックになるでしょうが、マイケルだけはパニックにならない。常に周りがスローモーションで動くように、平然とシュートをするのです。

意思を専念し、目覚めさせろ

現象と一体化し、上からの意識で見つめるのが悟りです。

体操の内村航平選手は、常々「練習通りにやってきたことをするだけです」と言っていますが、その彼でさえオリンピックのときには揺れてしまった。すぐに取り戻しましたが、あのレベルの人でもオリンピックというプレッシャーに負けることがあるのだなあと思いました。

高校野球では、チームが一度崩れるとエラーが連鎖していく場合がありますね。そういう負の連鎖があるチームは、禅を学ぶのがいいと思います。悟りを知っていれば、呼吸法などで平静を取り戻すことができます。

悟りや禅の境地を目指して、仕事や勉強をやってみてください。あらゆるところに悟りの瞬間は用意されています。**悟りとは、気分的にボーッとすることではありません。意思を専念し、目覚めさせるということです。**

仏教では、「目覚めている人」のことを「ブッダ」と言います。目覚めれば瞬時にブッダとなるわけです。

話を理解しようとして集中しているとすれば、これもブッダ的です。一心不乱に夢中な姿は、ブッダに近い。子どもがブロックや積み木に夢中になって、ひとりで遊んでいる。そんな姿も「ブッダみたいだな」と思います。

ここにもブッダがいる、あそこにもブッダがいるということ。

これは難しい話ではなく、昔の日本人ならみんな理解していた感覚です。理解しにくくなったのは、みなさんが無関心であることと、敗戦によって文化と伝統を遮断されたからです。

戦後教育によって日本人は、悟りさえ教わらず、ここまできてしまったのです。だから今、私が伝えています。仕事をする際にも、自分だけが意識するのではなく、周りの人にも伝えていってください。

息を吸って止めて、ふーーー。息を吸って止めて、ふーーー。

はい、悟ったでしょうか。

悟った結果、シュートが外れることもあります。でも、理論としてはブッダはPKを外しません。ときどきすごいところに蹴ってしまう人は、ブッダが足りないということでしょう。

『弓と禅』（福村出版）という本があります。著者は、大正時代の終わりに日本に滞在したドイツ人哲学者のオイゲン・ヘリゲル。

彼は日本で弓道を習いました。西洋人なのですぐに的を射たがったのですが、なかなか師匠は打たせてくれません。いつも「あなたにはまだ早い」と言われていました。

ところがあるとき、師匠から夜に呼び出されます。「ようこそ、いらっしゃいました」と言われても、真っ暗です。師匠は「私がこれから弓を射ますから、ご覧ください」と言って、弓を引き絞り、シュッと引いたと思ったらパーンと音がしました。そしてまた、もう1本の弓を射たら同じような音がした。

的を見に行ったら、最初の矢が真ん中に突き刺さっていて、次の矢は、その矢に刺さっていたそうです。それを見て、オイゲンはさすがに何かを感じたらしく、師匠についで真面目に修行を続けます。

そして熱心に修行をしていたある日、オイゲンが弓を射たあとに、師匠が正座をしてお辞儀をし「今、それが射ました」と言ったそうです。「それ」とは「it」ですね。「あなたではなく、別のものが射ました」。

これが「無心」「悟り」ということです。

「今のあなたのその状態は、もっとも尊い瞬間だから、それに対してお辞儀をした」と師匠は言いました。いい話ですね。

禅もわからずして東洋人とは言えません。

日本人であれば、禅と悟りを得なければいけません。息を軽く吸って止め、口から吐いて、吐いて、吐いていきましょう。ふーーーと息を吐きながら、今、この世からなくなっても構わないという感覚を手に入れるのです。

こういう感覚を身につけると、あらゆることはどうでもよく見えてきます。大事なのは勝ち負けではないと思える。

しかし、やるときには勝つ気でいかなければ意味がありません。最初から勝っても負けてもどちらでもいいという人は真剣にやらないからです。

どんな社会人になっても、どこで働いていても「悟り」を意識していただきたいと思っています。

おわりに――この世界をどう生き抜くか

今の社会は、即戦力になる人が求められています。なぜなら、企業に人を育てる余裕がなくなってきているからです。

昔の人は、就職すると研修に次ぐ研修で、社会人としての力を鍛えられました。そのぶん、大学は多少のんきに遊んでいても許される場所でした。

しかし社会が激変し、企業は「新入社員でも、すぐに使える人材がほしい」と考えるようになっています。新社会人に求められるハードルが格段に上がったのです。

もうひとつ、企業が正社員を迎える場合には、すぐにプロジェクトリーダーになれるくらいパワーある人材を求めるようになっています。

特定の仕事だけなら、アウトソーシングできる。正社員にするなら、企業理念を理解した上でプロジェクトを引っ張っていける人がいいのです。

たとえば、入社して3ヶ月で店長ができる人。仕事が早く、采配もふるえる人。みんなに高い能力が求められる、シビアな時代になっています。

体操の元日本代表選手である塚原光男さんが、面白いことを言っていました。

「今の体操選手は超人なんだよ。中高生もすごい」

なぜなら彼らは、20〜30年前の金メダリストより難しいことをやっているからです。塚原さんはミュンヘンオリンピックで超人と呼ばれましたが、「今は中学生だって月面宙返りができる」と言います。それくらい、体操の技は進化し続けているのです。

仕事も同じ。昔ならパソコンを使えるだけでほめられましたが、みんながパソコンを使う時代になりました。ひとりでできる仕事量が増え、さらに高度な技術が必要になっている。その影響で、以前は5人でしていた仕事も、3人でカバーするようになっています。

仕事ができる、できないが露骨に問われる時代でもあります。だからこそ、若いうちに「社会人として必要な能力は何か」を認識し、しっかり学んでほしい。さらに言えば、人を指導できるくらいになってほしいと思うのです。

本書では、社会人としてのスタンダードを提示してきました。社会人が身につけておくべき基準、ベースとしての力です。これまでの社会人が持っていた伝統的で常識的な能力。それに、新しい時代に対応する能力も加えました。

大きな方向性としては「スピード感とクリエイティブな力」。そしてそれを実現するための「高度なコミュニケーション力」ということでしょう。

大学で行った講義をベースにしたので、ライブな雰囲気を基盤にしています。トレーニングのリアルな空気を伝えたかったので、一部学生の発言も残しました。

私自身は、講義中ずいぶんアグレッシブな発言もしています。テレビや単行本で私に接してくださっている方は、驚かれるかもしれません。しかし、私はいつも学生たちを盛り上げながら、活気ある授業をしたいと思っています。

この講義を受けている学生たちは、自らの殻を破るようにどんどん変化していきました。新聞を読む習慣がなかった人が新聞を読み、本を読まなかった人が新書をたくさん読めるようになる。質問できなかった人が気の利いた質問をし、消極的だった人がほめコメントまでできるようになる。

彼らは「やったことがないことをして、すごく疲れました」と言いますが、「周囲との関係がいい感じになった」とか「バイトの面接に初めて通りました」と、目に見えた変化を報告してくれます。

また、社会に出て2～3年後に、「あのとき先生に言われたことが、今になってわかりました」と言う人もいる。あとからじわじわ効いてくるケースもあるようです。

私の授業はトレーニングです。学生たちが、授業で何を問われ、どんな課題を出され、どんなパフォーマンスをしてきたか。この本を通して体感していただけたでしょうか。一緒に授業空間にいるような気持ちになったり、「自分が若手を指導するときには、こんな方法もあるのだな」とヒントにしてもらえるといい。

この「社会人に必要な9つの力」を身につけ、社会人として自信を持ち、この難しい時代を生き抜いていってほしいと思います。

最後になりましたが、この本が形になるにあたっては、菅聖子さん、ウェッジの前取締役書籍部長の吉村伸一さん、山本泰代さんにお世話になりました。吉村さん、山本さんには講義の場で発表もしていただきました。ありがとうございました。

2016年3月

齋藤　孝

社会人に必要な９つの力

2016年3月31日　第１刷発行

著　者　齋藤《さいとう》 孝《たかし》

発行者　山本雅弘

発行所　株式会社ウェッジ
〒101-0052
東京都千代田区神田小川町1-3-1
NBF小川町ビルディング3階
電　話：03-5280-0528
ＦＡＸ：03-5217-2661
http://www.wedge.co.jp
振　替：00160-2-410636

ブックデザイン　横須賀 拓
ＤＴＰ組版　株式会社リリーフ・システムズ
印刷・製本所　図書印刷株式会社

ISBN 978-4-86310-162-3 C0095